KB047116

튀니지 헌법

دستور تونس

명지대학교중동문제연구소
중동국가헌법번역HK총서07

튀니지 헌법

دستور تونس

명지대학교 중동문제연구소
معهد الدراسات لشؤون الشرق الأوسط

이 역서는 2010년 정부(교육과학기술부)의 재원으로 한국연구재단의 지원을 받아 수행된 연구임(NRF-2010-362-A00004)

머리말

명지대학교 중동문제연구소는 2010년부터 10년 동안 한국연구재단의 인문한국지원사업 해외지역연구 사업을 수행하고 있습니다. "현대 중동의 사회변동과 호모이슬라미쿠스: 샤리아 연구와 중동학 토대구축"이란 대주제 하에 '종합지역 연구(아젠다), 종합지역정보시스템 구축, 지역전문가 및 학문 후속세대 양성, 국내외 네트워크 형성 및 협력 강화, 사회적 서비스' 사업을 중점적으로 수행하고 있습니다. 이러한 사업의 일환으로 중동문제연구소에서는 현대 중동 국가들의 정체성을 가장 구체적이고 가장 명료하게 표현해 놓은 아랍어 헌법 원문을 우리 글로 번역 출판하는 작업을 하고 있습니다. 『사우디아라비아 통치기본법』(2013.5.31), 『쿠웨이트 헌법』(2014.4.30), 『아랍에미리트 헌법』(2014.6.30), 『카타르 헌법』(2015.4.30), 『오만 술탄국 기본법』(2015.5.31), 『바레인 헌법』(2016.1.30), 『사우디아라비아 통치기본법(개정판)』(2016.5.25)을 번역 출판하였고, 이번에 『튀니지 헌법』(2016.5.31)을 출판하게 되었습니다.

헌법에는 한 국가의 정치적 · 경제적 · 사회적 · 문화적 정체성과 그 안에 살고 있는 사람들의 삶의 양태가 가장 포괄적으로 규정되어 있고, 그 헌법 규정 하에서 살고 있는 사람들은 사후적으로도 법 생활뿐 아니라 정치 · 경제 생활에서도 공통의 정향성을 형성하기 때문에 헌법을 이해하는 것은 그 국가 이해의 초석이 될 것입니다.

『튀니지 헌법』은 2014년 3월 24일에 제정되었으며 총 10편 149조로 구성되어 있습니다. 제1편 일반원칙, 제2편 권리와 자유, 제3편 입법부, 제4편 행정부, 제5편 사법부, 제6편 독립 헌법 기구들, 제7편 지방정부, 제8편 헌법 개정, 제9편 최종 규정, 제10편 과도 규정을 총망라한 것으로 국민 참여 민주 공화정을 표방하는 튀니지의 근간을 보여주는 가장 중요한 법이라 할 수 있습니다.

중동문제연구소는 중동연구의 기반 구축 사업의 일환으로 중동 주요 국가들의 헌법을 아랍어 원문에 충실하게 번역하는 우리나라 최초의 연구소입니다. 무슨 일이나 '최초'라는 것은 개척자라는 의미도 있지만 용기와 두려움을 필요로 합니다. 아랍어문학, 정치학, 이슬람학 전공자들이 번역하고, 헌법학 전공 교수의 감수를 받았음에도 불구하고 세상에 내놓기에 두려움이 앞섭니다. 강의와 논문 작성 등 교수 본업을 충실히 하면서도 꾸준히 공동번역과 여러 차례 교정작업을 했고 헌법학자의 감수를 거쳤음에도 불구하고 아랍어 자체의 난해함과 언어문화나 언어구조가 우리와 다르고 단어의 다의미성으로 인해 독자 여러분이 읽기에 난해한 부분이 있을 것이고, 문맥상 오류도 발견될 것으로 보입니다. 독자들의 애정 어린 평가를 기대합니다.

『튀니지 헌법』 출판을 할 수 있도록 재정지원을 해준 한국연구재단, 꼼꼼하게 재 교정과 증보 작업에 참여한 김종도 교수, 정상률 교수, 임병필 교수, 박현도 교수와 감수를 맡아 꼼꼼히 읽고 평가해 주신 명지대 법과대학의 김주영 교수님께 감사를 드립니다.

2016년 5월 25일

명지대학교 중동문제연구소장 이종화 배상

차례

튀니지 헌법

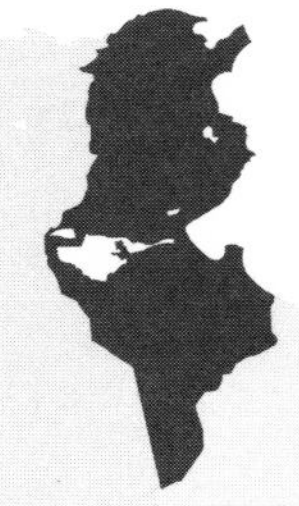

자비로우시고 자애로우신 알라의 이름으로

서언

튀니지 국민 대표이며 국가제헌의회 의원인 우리는, 독립을 이루고, 국가를 건설하고, 독재를 타도하며, 우리의 자유 의지에 응하여, 또 2010년 12월 17일부터 2011년 1월 14일에 걸친 자유와 존엄이라는 혁명[1]의 목적을 달성하기 위하여 우리 국민이 벌인 투쟁을 자랑스럽게 생각하고, 수 세대에 걸쳐 불의, 부정, 부패와 단절하기 위하여 고귀한 순교자들이 흘린 피와 남녀 튀니지인들이 바친 희생에 충심을 표한다.

우리는 이슬람의 가르침과 개방성과 관용을 특징으로 하고 있는 이슬람의 목적을 준수하면서 인간적 가치와 보편적 인권의 고귀한 원칙에 대하여 우리 국민의 애정을 표현

بسم الله الرحمن الرحي

التوطئة

نحن نوا ب الشعب التونسي، أعضاء المجلس الوطني التأسيسي،
اعتزازا بنضال شعبنا من أجل الاستقلال وبناء الدولة والتخلّص من الاستبداد استجابة لإرادته الحرّة، وتحقيقا لأهداف ثورة الحرية والكرامة ثورة ١٧ ديسمبر ٢٠١٠-١٤ جانفي ٢٠١١، ووفاء لدماء شهدائنا الأبرار ولتضحيات التونسيين والتونسيات على مرّ الأجيال، وقطعا مع الظلم والحيف والفساد، وتعبيرا عن تمسك شعبنا بتعاليم الإسلام ومقاصده المتّسمة بالتفتّح والاعتدال، وبالقيم الإنسانية ومبادئ حقوق الإنسان الكونية السامية، واستلهاما من رصيدنا

하면서, 아랍 무슬림 정체성에 바탕을 둔 개혁 계몽운동부터 다양하고 오래된 역사를 통해 축적된 우리 문명 유산으로부터 영감을 받아, 인류문명이 이룩한 유산과 우리 국민들이 실현했던 국익을 고수한다.

우리는 법과 국민주권을 바탕으로 한 시민국가 틀 안에서 자유로운 선거를 통해 평화로운 정권교체가 이루어지는 국민 참여 민주공화정을 세운다. 이러한 정치체제는 권력분리와 균형을 원칙으로 한다. 국민 참여 공화정은 정쟁의 조건으로 다원주의, 행정 중립, 바른 통치라는 원칙에 의거하여 결사의 자유를 보장한다. 국가는 모든 지역에 있어서 법의 우위성, 인권과 자유의 존중, 사법부 독립, 남녀 시민간 평등한 권리와 의무, 종교간 평등을 보장한다.

우리는 인간의 존엄한 지위를 중히 여기고, 우리가 아랍 이슬람 움마[2] 문화와 문명에 속한다는 것을 확인하며, 시민권, 형제애, 단결, 사회정의에 기초하여 국가를 통합한다. 아랍통합, 이슬람 국민들과 아프리카 인들의 단합, 세

الحضاري على تعاقب أحقاب تاريخنا، ومن حركاتنا الإصلاحية المستنيرة المستندة إلى مقوّمات هويتنا العربية الإسلامية وإلى الكسب الحضاري الإنساني، وتمسّكا بما حقّقه شعبنا من المكاسب الوطنية،

وتأسيسا لنظام جمهوري ديمقراطي تشاركي، في إطار دولة مدنية السيادة فيها للشعب عبر التداول السلمي على الحكم بواسطة الانتخابات الحرة وعلى مبدأ الفصل بين السلطات والتوازن بينها، ويكون فيه حقُّ التنظّم القائم على التعددية، وحياد الإدارة، والحكم الرشيد هي أساس التنافس السياسي، وتضمن فيه الدولة علوية القانون واحترام الحريات وحقوق الإنسان واستقلالية القضاء والمساواة في الحقوق والواجبات بين جميع المواطنين والمواطنات والعدل بين الجهات،

وبناء على منزلة الإنسان كائنا مكرّما، وتوثيقا لانتمائنا الثقافي والحضاري للأمّة العربية والإسلامية، وانطلاقا من الوحدة الوطنية القائمة على المواطنة والأخوّة

계 시민들과 협력의 일환으로 마그립[3] 통합에 진력한다. 어디서든지 부당한 대우를 받는 모든 사람들을 돕고, 스스로 운명을 결정할 수 있도록 사람들을 지원하고, 정당한 모든 해방 운동 및 그러한 해방 운동의 최전선에 있는 팔레스타인 해방운동을 지원하며, 어떠한 형태이든지 간에 식민점령과 인종차별은 모두 반대한다.

우리는 천연자원이 지속 가능할 수 있도록 기후의 안정성과 건강한 환경 보전의 필요성을 인식하고 미래 세대가 안전한 삶을 지속할 수 있도록 한다. 스스로 역사의 주역이 되겠다는 국민들의 의지를 실현한다. 과학, 노동, 창의력이 고귀한 인간의 가치라 믿으며 국가의 독립적 판단, 세계 평화, 인류 단결을 바탕으로 문명에 이바지하길 갈망한다.

우리는 국민의 이름으로 알라의 축복 아래 이 헌법을 입안한다.

والتكافل والعدالة الاجتماعية، ودعما للوحدة المغاربية باعتبارها خطوة نحو تحقيق الوحدة العربية، والتكامل مع الشعوب الإسلامية والشعوب الإفريقية، والتعاون مع شعوب العالم، وانتصارا للمظلومين في كلّ مكان، ولحقّ الشعوب في تقرير مصيرها، ولحركات التحرر العادلة وفي مقدمتها حركة التحرّر الفلسطيني، ومناهضة لكلّ أشكال الاحتلال والعنصرية،

ووعيا بضرورة المساهمة في سلامة المناخ والحفاظ على البيئة سليمة بما يضمن استدامة مواردنا الطبيعية واستمرارية الحياة الآمنة للأجيال القادمة، وتحقيقا لإرادة الشعب في أن يكون صانعا لتاريخه، مؤمنا بأن العلم والعمل والإبداع قيم إنسانية سامية، ساعيا إلى الريادة، متطلعا إلى الإضافة الحضارية، وذلك على أساس استقلال القرار الوطني، والسلم العالمية، والتضامن الإنساني،

فإننا باسم الشعب نرسم على بركة الله هذا الدستور.

제1편
일반 원칙

제1조

튀니지는 주권을 가진 자유 독립 국가이며, 이슬람이 국교이고, 아랍어가 국어이며, 국가의 체제는 공화정이다.

이 조항의 개정은 허용되지 않는다.

제2조

튀니지는 시민권, 국민의 의지, 법적 우위성에 기반을 두고 있는 시민 국가이다.

이 조항의 개정은 허용되지 않는다.

제3조

국민은 주권자이고 권력의 원천이며, 국민에 의해 선출된

الباب الأول
المبادئ العامة

(الفصل ١)

تونس دولة حرّة، مستقلّة، ذات سيادة، الإسلام دينها، والعربية لغتها، والجمهورية نظامها.

لا يجوز تعديل هذا الفصل.

(الفصل ٢)

تونس دولة مدنية، تقوم على المواطنة، وإرادة الشعب، وعلوية القانون.

لا يجوز تعديل هذا الفصل.

(الفصل ٣)

الشعب هو صاحب السيادة ومصدر السلطات،

대표자나 국민투표를 통해 주권을 행사한다.

제4조

튀니지 공화국의 국기(國旗)[4]는 법률이 규정한 바에 따라 붉은색이며, 중앙에는 붉은색 초승달이 에워싸고 있는 5개의 살을 가진 붉은색 별이 있는 흰색의 원이 있다.

튀니지 공화국의 공식 국가(國歌)[5]는 "보호의 보호자"이며, 이는 법률로 정한다.

튀니지 공화국의 문장(紋章)[6]은 "자유 · 존엄 · 정의 · 질서"이다.

제5조

튀니지 공화국은 아랍 마그립의 일원이고, 아랍 마그립의 통합 실현을 위해 노력하며, 통합의 구체화를 위한 모든 조치를 취한다.

يمارسها بواسطة ممثليه المنتخبين أو عبر الاستفتاء.

(الفصل ٤)
علم الجمهورية التونسية أحمر، يتوسطه قرص أبيض به نجم أحمر ذو خمسة أشعة يحيط به هلال أحمر حسبما يضبطه القانون.
النشيد الرسمي للجمهورية التونسية هو «حماة الحمى» ويُضبط بقانون.
شعار الجمهورية التونسية هو «حرية، كرامة، عدالة، نظام».

(الفصل ٥)
الجمهورية التونسية جزء من المغرب العربي، تعمل على تحقيق وحدته وتتخذ كافة التدابير لتجسيمها.

제6조

국가는 종교의 보호자이고, 신앙과 양심과 종교의식 행사의 보호자이며, 모스크와 경배 장소는 당파적 활동으로부터 중립을 위한 보증인이다.

국가는 중용과 관용의 가치를 확산하고, 신성한 것을 보호하고 그것의 훼손을 막아야만 한다. 또한 타크피르[7] 및 혐오와 폭력을 용납하거나 그것을 선동하는 것을 금지해야만 하며, 그러한 것들에 반대해야만 한다.

제7조

가족은 사회의 토대이고, 국가는 이를 보호해야 한다.

제8조

젊은이는 국가 건설의 활력이다.

국가는 젊은이의 능력 성장과 능력 활성화를 보장하는 환

(الفصل ٦)

الدولة راعية للدين، كافلة لحرية المعتقد والضمير وممارسة الشعائر الدينية، ضامنة لحياد المساجد ودور العبادة عن التوظيف الحزبي.

تلتزم الدولة بنشر قيم الاعتدال والتسامح وبحماية المقدّسات ومنع النيل منها، كما تلتزم بمنع دعوات التكفير والتحريض على الكراهية والعنف وبالتصدي لها.

(الفصل ٧)

الأسرة هي الخلية الأساسية للمجتمع، وعلى الدولة حمايتها.

(الفصل ٨)

الشباب قوة فاعلة في بناء الوطن.

تحرص الدولة على توفير الظروف الكفيلة بتنمية

경을 제공하기 위해 노력하고, 그들에 대한 책임을 지며, 그들의 사회적 · 경제적 · 문화적 · 정치적 성장의 참여 확대를 위하여 노력한다.

제9조

국가의 통합과 신성함을 보호하고 방어하는 것은 모든 국민들의 신성한 의무이다.

병역[8]은 법률이 정하는 규정과 조건에 따른 의무이다.

제10조

세금과 공공비용의 납부는 공정하고 공평한 제도에 따른 의무이다.

국가는 세금 징수 및 세금 징수인들의 포탈이나 사기를 막기 위한 보장책을 담보하는 기구를 설치한다. 국가는 공적 자산의 선용을 위해 노력하고, 국가 경제의 우선 순위에

قدرات الشباب وتفعيل طاقاته وتعمل على تحمله المسؤولية وعلى توسيع إسهامه في التنمية الاجتماعية والاقتصادية والثقافية والسياسية.

(الفصل ٩)
الحفاظ على وحدة الوطن والدفاع عن حرمته واجب مقدس على كل المواطنين.
الخدمة الوطنية واجب حسب الصيغ والشروط التي يضبطها القانون.

(الفصل ١٠)
أداء الضريبة وتحمل التكاليف العامة واجب وفق نظام عادل ومنصف.
تضع الدولة الآليات الكفيلة بضمان استخلاص الضريبة، ومقاومة التهرّب والغش الجبائيين.
تحرص الدولة على حسن التصرف في المال العمومي

따른 지출에 필요한 조치들을 취해야 하며, 부패를 막고 국가 주권의 침해를 막기 위한 모든 노력을 기울인다.

제11조

대통령, 총리, 국무위원, 하원의회 의원, 독립 헌법위원회의 위원, 모든 고위 공무원직을 맡은 모든 사람은 법률이 규정하는 바에 따라 자신의 재산을 공개해야만 한다.

제12조

국가는 성장 지표를 바탕으로, 긍정적인 차별 원칙에 의거한 사회정의의 실현, 지속 성장, 분야들 간의 균형을 위해 노력한다. 또한 국가는 국가 자산의 선용을 위해 노력한다.

وتتخذ التدابير اللازمة لصرفه حسب أولويات الاقتصاد الوطني وتعمل على منع الفساد وكل ما من شأنه المساس بالسيادة الوطنية.

(الفصل ١١)
على كل من يتولى رئاسة الجمهورية أو رئاسة الحكومة أو عضويتها أو عضوية مجلس نواب الشعب أو عضوية الهيئات الدستورية المستقلة أو أي وظيفة عليا أن يصرح بمكاسبه وفق ما يضبطه القانون.

(الفصل ١٢)
تسعى الدولة إلى تحقيق العدالة الاجتماعية، والتنمية المستدامة، والتوازن بين الجهات، استنادا إلى مؤشرات التنمية واعتمادا على مبدأ التمييز الإيجابي. كما تعمل على الاستغلال الرشيد للثروات الوطنية.

제13조

천연자원[9]은 튀니지 국민의 소유이며, 국가는 국민의 이름으로 이에 대한 주권을 행사한다. 이와 관련된 투자 계약은 국민의회의 관련 위원회에 제출된다. 이 사안에 대해 채택되는 협정은 승인을 위해 의회로 제출된다.

제14조

국가는 국가 통합의 테두리 내에서 분권(分權)의 지지를 고수하며 이를 국가 전 영토에 적용해야 한다.

제15조

공공 행정은 국민과 공익에 봉사하며, 중립 · 평등 원칙과 공공 사업의 지속 원칙에 따라 그리고 투명성 · 청렴성 · 효율성과 책임성의 원칙에 따라 조직되고 작동된다.

(الفصل ١٣)

الثروات الطبيعية ملك للشعب التونسي، تمارس الدولة السيادة عليها باسمه.

تُعرض عقود الاستثمار المتعلقة بها على اللجنة المختصة بمجلس نواب الشعب. وتُعرض الاتفاقيات التي تبرم في شأنها على المجلس للموافقة.

(الفصل ١٤)

تلتزم الدولة بدعم اللامركزية واعتمادها بكامل التراب الوطني في إطار وحدة الدولة.

(الفصل ١٥)

الإدارة العمومية في خدمة المواطن والصالح العام، تُنظّم وتعمل وفق مبادئ الحياد والمساواة واستمرارية المرفق العام، ووفق قواعد الشفافية والنزاهة والنجاعة والمساءلة.

제16조

국가는 당파주의로부터 교육기관의 중립성을 보장한다.

제17조

국가만이 군대[10]와 국내 보안군을 창설할 수 있으며, 이는 법률에 따라 이루어지고 공익에 봉사하기 위함이다.

제18조

국가의 군대는 공화국의 군대이며, 규율에 기초하고 법률에 따라 체계적으로 구성되고 조직된 무장 군대이다. 군대는 국가, 국가의 독립, 영토 통일의 방어 의무를 담당하며, 완전한 중립을 의무로 한다. 국가의 군대는 법률이 규정하는 바에 따라 시민권을 지지한다.

(الفصل ١٦)
تضمن الدولة حياد المؤسسات التربوية عن التوظيف الحزبي.

(الفصل ١٧)
تحتكر الدولة إنشاء القوات المسلحة، وقوات الأمن الداخلي، ويكون ذلك بمقتضى القانون ولخدمة الصالح العام.

(الفصل ١٨)
الجيش الوطني جيش جمهوري وهو قوة عسكرية مسلحة قائمة على الانضباط، مؤلفة ومنظمة هيكليا طبق القانون، ويضطلع بواجب الدفاع عن الوطن واستقلاله ووحدة ترابه، وهو ملزم بالحياد التام. ويدعم الجيش الوطني السلطات المدنية وفق ما يضبطه القانون.

제19조

국가의 안전은 공화국의 안전이며, 보안군은 자유의 존중과 완전한 중립의 테두리 내에서 안전과 공공 질서 유지, 개인과 조직 그리고 재산 보호와 법률의 집행을 책임진다.

제20조

의회에서 승인되고 비준된 조약은 법률보다 상위이며 헌법보다 하위이다.

(الفصل ١٩)

الأمن الوطني أمن جمهوري، قواته مكلفة بحفظ الأمن والنظام العام وحماية الأفراد والمؤسسات والممتلكات وإنفاذ القانون، في كنف احترام الحريات وفي إطار الحياد التامّ.

(الفصل ٢٠)

المعاهدات الموافق عليها من قبل المجلس النيابي والمصادق عليها، أعلى من القوانين وأدنى من الدستور.

제2편
권리와 자유

제21조

모든 남 · 녀 국민은 권리와 의무에서 동등하며, 어떠한 차별 없이 법 앞에 평등하다.

국가는 모든 남 · 녀 국민에게 개인적 · 공적 권리와 자유를 보장하며, 국민들을 위해 품위 있는 삶의 요건들을 제공한다.

제22조

생존권은 신성하며, 법률이 규정하는 심각한 상황이 아니고는 침해 받지 않는다.

الباب الثاني
الحقوق والحريات

(الفصل ٢١)
المواطنون والمواطنات متساوون في الحقوق والواجبات، وهم سواء أمام القانون من غير تمييز.
تضمن الدولة للمواطنين والمواطنات الحقوق والحريات الفردية والعامّة، وتهيئ لهم أسباب العيش الكريم.

(الفصل ٢٢)
الحق في الحياة مقدس، لا يجوز المساس به إلا في حالات قصوى يضبطها القانون.

제23조

국가는 인간 본연의 존엄성과 육체의 신성함을 보호하며, 정신적 · 육체적 고문을 금지한다. 고문 범죄는 시효가 소멸되지 않는다.

제24조

국가는 사생활, 주거지의 신성함, 개인의 서신 · 통신 · 정보의 비밀을 보호한다. 모든 국민에게는 거주지를 선택할 자유와 국내 이전(移轉)의 자유가 있으며, 국외 이주의 권리가 있다.

제25조

어떠한 국민도 국적박탈, 추방, 강제송환 혹은 귀국금지 당하지 않는다.

(الفصل ٢٣)
تحمي الدولة كرامة الذات البشرية وحرمة الجسد، وتمنع التعذيب المعنوي والمادي. ولا تسقط جريمة التعذيب بالتقادم.

(الفصل ٢٤)
تحمي الدولة الحياة الخاصة، وحرمة المسكن، وسرية المراسلات والاتصالات والمعطيات الشخصية.
لكل مواطن الحرية في اختيار مقر إقامته وفي التنقل داخل الوطن وله الحق في مغادرته.

(الفصل ٢٥)
يحجر سحب الجنسية التونسية من أي مواطن أو تغريبه أو تسليمه أو منعه من العودة إلى الوطن.

제26조

정치적 망명의 권리는 법률이 정하는 바에 따라 보장되며, 정치적 망명자들의 인도는 금지된다.

제27조

피고인은 기소와 재판 단계에서 모든 방어책들을 보장하는 공정한 재판으로 유죄가 확정될 때까지는 무죄이다.

제28조

처벌은 개인적이며, 피고인에게 보다 더 유리한 조항이 아닌 이미 제정된 법률 조항에 따라 처벌을 받는다.

제29조

현행범이나 법원의 결정이 아니고는 개인에 대한 판결을 유예하거나 억류를 할 수 없다. 억류자는 그의 권리와 그

(الفصل ٢٦)
حق اللجوء السياسي مضمون طبق ما يضبطه القانون، ويحجر تسليم المتمتعين باللجوء السياسي.

(الفصل ٢٧)
المتهم بريء إلى أن تثبت إدانته في محاكمة عادلة تُكفل له فيها جميع ضمانات الدفاع في أطوار التتبع والمحاكمة.

(الفصل ٢٨)
العقوبة شخصية، ولا تكون إلا بمقتضى نص قانوني سابق الوضع، عدا حالة النص الأرفق بالمتهم.

(الفصل ٢٩)
لا يمكن إيقاف شخص أو الاحتفاظ به إلا في حالة التلبس أو بقرار قضائي، ويعلم فورا بحقوقه وبالتهمة

에 관한 혐의를 즉시 알아야 하며, 변호사를 선임할 수 있다. 판결 유예와 억류기간은 법률로 규정한다.

제30조

모든 죄수에게는 그의 존엄성이 보호되는 인간적인 대우를 받을 권리가 있다.

국가는 자유를 박탈하는 처벌을 집행할 때 가족의 이익을 고려하여야 하며, 죄수의 재활과 사회에서의 동화(同化)를 위해 노력한다.

제31조

의견 · 사상 · 표현 · 정보 · 출판의 자유는 보장된다.

이러한 자유에 대한 사전 검열 행위는 허용되지 않는다.

제32조

국가는 정보의 권리와 정보에 접근할 권리를 보장한다.

المنسوبة إليه، وله أن ينيب محاميا. وتحدد مدة الإيقاف والاحتفاظ بقانون.

(الفصل ٣٠)
لكل سجين الحق في معاملة إنسانية تحفظ كرامته.
تراعي الدولة في تنفيذ العقوبات السالبة للحرية مصلحة الأسرة، وتعمل على إعادة تأهيل السجين وإدماجه في المجتمع.

(الفصل ٣١)
حرية الرأي والفكر والتعبير والإعلام والنشر مضمونة.
لا يجوز ممارسة رقابة مسبقة على هذه الحريات.

(الفصل ٣٢)
تضمن الدولة الحق في الإعلام والحق في النفاذ إلى

국가는 통신망에 접근할 권리 보장을 위해 노력한다.

제33조

학문의 자유와 과학 연구의 자유는 보장된다.

국가는 과학과 기술 연구의 발전에 필요한 가능성들을 충분히 제공한다.

제34조

선거 · 투표 · 입후보의 권리는 법률이 규정하는 바에 따라 보장된다.

국가는 선출된 의회들에서 여성 대표를 보장하기 위해 노력한다.

المعلومة.
تسعى الدولة إلى ضمان الحق في النفاذ إلى شبكات الاتصال.

(الفصل ٣٣)
الحريات الأكاديمية وحرية البحث العلمي مضمونة.
توفر الدولة الإمكانيات اللازمة لتطوير البحث العلمي والتكنولوجي.

(الفصل ٣٤)
حقوق الانتخاب والاقتراع والترشح مضمونة طبق ما يضبطه القانون.
تعمل الدولة على ضمان تمثيلية المرأة في المجالس المنتخبة.

제35조

정당 · 노조 · 협회 구성의 자유는 보장된다.

정당 · 노조 · 협회는 기본 조직과 활동에서 헌법과 법률 규정을 준수하고, 회계의 투명성과 폭력의 거부를 준수해야 한다.

제36조

노조 가입의 권리와 더불어 파업의 권리도 보장된다.

이러한 권리는 국가 군대에는 적용되지 않는다.

파업의 권리는 국내 보안군과 관세청을 포함하지 않는다.

제37조

집회 및 평화적인 시위의 권리는 보장된다.

(الفصل ٣٥)

حرية تكوين الأحزاب والنقابات والجمعيات مضمونة.

تلتزم الأحزاب والنقابات والجمعيات في أنظمتها الأساسية وفي أنشطتها بأحكام الدستور والقانون وبالشفافية المالية ونبذ العنف.

(الفصل ٣٦)

الحق النقابي بما في ذلك حق الإضراب مضمون.

ولا ينطبق هذا الحق على الجيش الوطني.

ولا يشمل حق الإضراب قوات الأمن الداخلي والديوانة.

(الفصل ٣٧)

حرية الاجتماع والتظاهر السلميين مضمونة.

제38조

보건은 모든 인간의 권리이다.

국가는 모든 국민의 건강 예방과 치료를 보장하고, 안전하고 양질의 보건 서비스를 보장하기 위해 필요한 가능성들을 충분히 제공한다.

국가는 지원이 없는 사람들과 한정된 수입이 있는 사람들을 위하여 무상 치료를 보장하고, 법률이 규정하는 바에 따라 사회적 지원의 권리를 보장한다.

제39조

교육[11]은 16세까지 의무이다.

국가는 모든 단계에서 무상 공교육의 권리를 보장하고, 양질의 교육과 조직을 실현하기 위해 필요한 가능성들을 충분히 제공한다. 또한 국가는 아랍 이슬람 정체성과 민족적 소속감의 성장 강화를 위해 노력하고, 아랍어의 확립과 강화 및 보편화, 외국어와 인류 문명에 대한 개방과 인권 문

(الفصل ٣٨)

الصحة حق لكل إنسان.

تضمن الدولة الوقاية والرعاية الصحية لكل مواطن، وتوفر الإمكانيات الضرورية لضمان السلامة وجودة الخدمات الصحية.

تضمن الدولة العلاج المجاني لفاقدي السند، ولذوي الدخل المحدود. وتضمن الحق في التغطية الاجتماعية طبق ما ينظمه القانون.

(الفصل ٣٩)

التعليم إلزامي إلى سن السادسة عشرة.

تضمن الدولة الحق في التعليم العمومي المجاني بكامل مراحله، وتسعى إلى توفير الإمكانيات الضرورية لتحقيق جودة التربية والتعليم والتكوين. كما تعمل على تأصيل الناشئة في هويتها العربية الإسلامية وانتمائها الوطني وعلى ترسيخ اللغة العربية ودعمها

화의 확산을 위해 노력한다.

제40조

노동은 모든 남녀 국민의 권리이고, 국가는 평등과 정의를 기초로 한 노동을 보장하기 위해 필요한 절차들을 채택한다. 모든 남녀 국민에게는 적합한 환경과 공정한 보수로 일할 권리가 있다.

제41조

재산권은 보장되며, 법에 규정된 요건과 보상이 따르는 경우가 아니면 침해되어선 안 된다. 지적 재산도 보장된다.

제42조

문화의 권리는 보장된다.

وتعميم استخدامها والانفتاح على اللغات الأجنبية والحضارات الإنسانية ونشر ثقافة حقوق الإنسان.

(الفصل ٤٠)

العمل حق لكل مواطن ومواطنة، وتتخذ الدولة التدابير الضرورية لضمانه على أساس الكفاءة والإنصاف.

ولكل مواطن ومواطنة الحق في العمل في ظروف لائقة وبأجر عادل.

(الفصل ٤١)

حق الملكية مضمون، ولا يمكن النيل منه إلا في الحالات وبالضمانات التي يضبطها القانون.

الملكية الفكرية مضمونة.

(الفصل ٤٢)

الحق في الثقافة مضمون.

창의적 자유는 보장되고, 국가는 관용의 가치, 폭력의 거부, 다양한 문화에 대한 개방, 문명 간의 대화에 전념함으로써 문화적 창의성을 장려하며, 민족 문화의 강화와 다양화 및 혁신을 지원한다.

국가는 문화유산을 보호하고, 이에 대한 미래 세대의 권리를 보장한다.

제43조

국가는 스포츠를 지원하고, 스포츠와 여가활동 수행에 필요한 시설들의 제공을 위해 노력한다.

제44조

수자원에 대한 권리는 보장된다.

수자원 보호와 선용은 국가와 사회의 의무이다.

حرية الإبداع مضمونة، وتشجع الدولة الإبداع الثقافي، وتدعم الثقافة الوطنية في تأصلها وتنوعها وتجددها، بما يكرس قيم التسامح ونبذ العنف والانفتاح على مختلف الثقافات والحوار بين الحضارات.
تحمي الدولة الموروث الثقافي وتضمن حق الأجيال القادمة فيه.

(الفصل ٤٣)
تدعم الدولة الرياضة، وتسعى إلى توفير الإمكانيات اللازمة لممارسة الأنشطة الرياضية والترفيهية.

(الفصل ٤٤)
الحق في الماء مضمون.
المحافظة على الماء وترشيد استغلاله واجب على الدولة والمجتمع.

제45조

국가는 건강하고 균형 있는 환경에 있을 권리와 기후 보호의 참여를 보장하고, 환경 오염 퇴치를 보장하는 수단들을 제공해야 한다.

제46조

국가는 여성에게 부여된 권리를 보호해야 하며, 이러한 권리의 강화와 발전을 위해 노력한다.

국가는 다양한 책임의 담당과 모든 분야에서 남녀 간의 기회 균등을 보장한다.

국가는 선출 의회에서 남녀 간 동등함이 실현되도록 노력한다.

국가는 여성에 대한 폭력 퇴치를 보장하는 절차들을 채택한다.

(الفصل ٤٥)
تضمن الدولة الحق في بيئة سليمة ومتوازنة والمساهمة في سلامة المناخ. وعلى الدولة توفير الوسائل الكفيلة بالقضاء على التلوث البيئي.

(الفصل ٤٦)
تلتزم الدولة بحماية الحقوق المكتسبة للمرأة وتعمل على دعمها وتطويرها.
تضمن الدولة تكافؤ الفرص بين الرجل والمرأة في تحمل مختلف المسؤوليات وفي جميع المجالات.
تسعى الدولة إلى تحقيق التناصف بين المرأة والرجل في المجالس المنتخبة.
تتخذ الدولة التدابير الكفيلة بالقضاء على العنف ضد المرأة.

제47조

어린이들은 부모와 국가로부터 관대함 · 건강 · 보호 · 교육을 보장 받을 권리가 있다.

국가는 어린이들을 위한 최상의 이익에 따라 모든 어린이들에게 차별 없이 모든 종류의 보호를 제공해야 한다.

제48조

국가는 장애인들을 모든 차별로부터 보호한다.

장애인은 장애의 성격에 따라 사회에서 완전한 동화를 보장하는 모든 수단들을 이용할 권리가 있으며, 국가는 이의 실현을 위해 필요한 모든 절차들을 채택해야 한다.

제49조

이 헌법에 의해 보장된 권리와 자유의 행사는 그 본질을 침해하지 않는 범위에서 법률에 의해 제한될 수 있다. 이

(الفصل ٤٧)
حقوق الطفل على أبويه وعلى الدولة ضمان الكرامة والصحة والرعاية والتربية والتعليم.
على الدولة توفير جميع أنواع الحماية لكلّ الأطفال دون تمييز وفق المصالح الفضلى للطفل.

(الفصل ٤٨)
تحمي الدولة الأشخاص ذوي الإعاقة من كل تمييز.
لكل مواطن ذي إعاقة الحق في الانتفاع، حسب طبيعة إعاقته، بكل التدابير التي تضمن له الاندماج الكامل في المجتمع، وعلى الدولة اتخاذ جميع الإجراءات الضرورية لتحقيق ذلك.

(الفصل ٤٩)
يحدد القانون الضوابط المتعلقة بالحقوق والحريات المضمونة بهذا الدستور وممارستها بما لا ينال من

규범들은 민주 시민 국가가 요구하는 필요성과 타인의 권리 보호, 공공 안전의 필요성, 국방, 공중 보건, 공공 도덕을 보호하려는 목적이 아니고는 시행되지 않는다. 이러함에도 불구하고 규범과 필요성 간의 균형은 존중되어야 한다. 사법기관들은 어떠한 침해로부터도 권리와 자유의 보호를 보장해야 한다.

이 헌법에서 보장된 인간의 권리와 자유를 손상하는 어떠한 개정도 허용되지 않는다.

جوهرها. ولا توضع هذه الضوابط إلاّ لضرورة تقتضيها دولة مدنية ديمقراطية وبهدف حماية حقوق الغير، أو لمقتضيات الأمن العام، أو الدفاع الوطني، أو الصحة العامة، أو الآداب العامة، وذلك مع احترام التناسب بين هذه الضوابط وموجباتها. وتتكفّل الهيئات القضائية بحماية الحقوق والحريات من أي انتهاك.

لا يجوز لأيّ تعديل أن ينال من مكتسبات حقوق الإنسان وحرياته المضمونة في هذا الدستور.

제3편
입법부

제50조

국민은 국민의회의 대표들이나 국민투표를 통해 입법권을 행사한다.

제51조

국민의회의 본부는 수도인 투니스에 있으며, 예외적인 상황에서는 공화국 영토의 다른 장소에서 회의를 개최할 수 있다.

제52조

국민의회는 국가 예산의 테두리 내에서 행정적 · 재정적 독립을 누린다.

الباب الثالث
السلطة التشريعية

(الفصل ٥٠)

يمارس الشعب السلطة التشريعية عبر ممثليه بمجلس نواب الشعب أو عن طريق الاستفتاء.

(الفصل ٥١)

مقرّ مجلس نواب الشعب تونس العاصمة، وله في الظروف الاستثنائية أن يعقد جلساته بأي مكان آخر من تراب الجمهورية.

(الفصل ٥٢)

يتمتع مجلس نواب الشعب بالاستقلالية الإدارية والمالية في إطار ميزانية الدولة.

국민의회는 내규를 제정하고, 의원 절대 과반수로 이를 승인한다.
국가는 의원들의 원활한 직무 수행에 필요한 인적 · 물적 자원들을 의회 책임 하에 둔다.

제53조

10년 이상 동안 튀니지 국적을 소지하고 입후보 하는 날 나이가 만 23세에 달한 모든 유권자는 국민의회 의원에 입후보할 권리가 있다. 단 (입후보자는) 법률이 규정하는 어떠한 박탈 조건에 해당되지 않아야 한다.

제54조

선거법이 규정하는 조건에 따라 나이가 만 18세에 달하는 튀니지 국적의 모든 국민은 유권자로 간주된다.

يضبط مجلس نواب الشعب نظامه الداخلي ويصادق عليه بالأغلبية المطلقة لأعضائه.
تضع الدولة على ذمة المجلس الموارد البشرية والمادية اللازمة لحسن أداء النائب لمهامه.

(الفصل ٥٣)
الترشح لعضوية مجلس نواب الشعب حق لكل ناخب تونسي الجنسية منذ عشر سنوات على الأقل، بلغ من العمر ثلاثا وعشرين سنة كاملة يوم تقديم ترشحه، شرط أن لا يكون مشمولا بأي صورة من صور الحرمان التي يضبطها القانون.

(الفصل ٥٤)
يُعد ناخبا كل مواطن تونسي الجنسية بلغ من العمر ثماني عشرة سنة كاملة وفق الشروط التي يحددها القانون الانتخابي.

제55조

국민의회 의원은 선거법에 따라 보통 · 자유 · 직접 · 비밀 · 공정 · 투명 선거[12]로 선출된다.

선거법은 국외 거주 튀니지인들의 국민의회 선거권과 대표권을 보장한다.

제56조

국민의회는 임기 중 마지막 60일 동안 5년 임기로 선출된다.

긴박한 위험으로 선거가 실시되지 못한 경우 의회 임기는 법률로 연장된다.

제57조

국민의회는 매년 10월 중에 개회하고 (다음해) 7월 중에 종회 하는 정기 회기를 개최하고, 국민의회의 임기 첫 회

(الفصل ٥٥)

يُنتخب أعضاء مجلس نواب الشعب انتخابا عاما، حرا، مباشرا، سريا، نزيها، وشفافا، وفق القانون الانتخابي.

يضمن القانون الانتخابي حق الانتخاب والتمثيلية للتونسيين بالخارج في مجلس نواب الشعب.

(الفصل ٥٦)

يُنتخب مجلس نواب الشعب لمدة خمس سنوات خلال الأيام الستين الأخيرة من المدة النيابية.

إذا تعذر إجراء الانتخابات بسبب خطر داهم فإن مدة المجلس تمدد بقانون.

(الفصل ٥٧)

يعقد مجلس نواب الشعب دورة عادية تبتدئ خلال شهر أكتوبر من كل سنة وتنتهي خلال شهر جويلية،

기는 선거 종료의 결과 공표로부터 15일 이내에 전임 의장의 소집으로 시작된다.

국민의회의 임기 첫 회기가 휴회로 인해 겹칠 경우 임시회가 정부에 대한 신임 승인을 목적으로 개회된다.

국민의회는 대통령, 총리, 의원 3분 1의 요청으로 특정 안건들을 처리하기 위한 임시회를 소집할 수 있다.

제58조

국민의회의 모든 의원들은 직무를 시작하기 직전에 다음과 같은 선서를 한다.[13]

"나는 국가에 성실히 봉사하고, 헌법 규정을 존중하며, 튀

على أن تكون بداية الدورة الأولى من المدة النيابية لمجلس نواب الشعب في أجل أقصاه خمسة عشر يوما من الإعلان عن النتائج النهائية للانتخابات بدعوة من رئيس المجلس المتخلي.

وفي صورة تزامن بداية الدورة الأولى من المدة النيابية لمجلس نواب الشعب مع عطلته تعقد دورة استثنائية إلى غاية منح الثقة للحكومة.

ويجتمع مجلس نواب الشعب أثناء عطلته في دورة استثنائية بطلب من رئيس الجمهورية أو من رئيس الحكومة أو من ثلث أعضائه للنظر في جدول أعمال محدد.

(الفصل ٥٨)

يؤدي كل عضو بمجلس نواب الشعب في بداية مباشرته لمهامه اليمين التالية:

«أقسم بالله العظيم أن أخدم الوطن بإخلاص، وأن

니지에 전적으로 충성할 것을 위대한 알라께 맹세합니다."

제59조

국민의회는 첫 회기에서 의원들 중 의장을 선출한다.

국민의회는 비례 대표에 기초해 책임이 배분되는 상임위원회들과 특별위원회들을 구성한다.

국민의회는 조사위원회를 구성할 수 있으며, 모든 권력 기관은 그(조사위원회)의 직무 수행에 협조해야만 한다.

제60조

야당은 국민의회의 필수적인 구성요소이고, 자신의 의회 직무를 수행할 권리가 있으며, 야당에게는 모든 의회 조직과 국내·외 활동에서 적절하고 효과적인 대표성이 보장

ألتزم بأحكام الدستور وبالولاء التام لتونس».

(الفصل ٥٩)
ينتخب مجلس نواب الشعب في أول جلسة له رئيسا من بين أعضائه.
يشكّل مجلس نواب الشعب لجانا قارة ولجانا خاصة تتكون وتتوزع المسؤوليات فيها على أساس التمثيل النسبي.
يمكن لمجلس نواب الشعب تكوين لجان تحقيق، وعلى كافة السلطات مساعدتها في أداء مهامها.

(الفصل ٦٠)
المعارضة مكوّن أساسي في مجلس نواب الشعب، لها حقوقها التي تمكّنها من النهوض بمهامها في العمل النيابي وتضمن لها تمثيلية مناسبة وفاعلة في كل

된다. 야당에게는 재정위원회 의장과 대외관계위원회 조사위원이 할당되며, 매년 조사위원회를 구성하고 의장을 맡을 권리가 있다. 의회 직무에 활동적이고 건설적으로 동참하는 것은 야당의 의무이다.

제61조

국민의회에서의 투표는 개인적이며 위임되지 않는다.

제62조

입법 발의는 최소한 10명 이상의 의원들로부터 발의된 법안이나, 대통령 또는 총리의 법안들로 시행된다.

총리는 조약에 부합하는 법안과 금융 법안을 제출할 권한이 있으며, 이 법안은 우선 심리된다.

هياكل المجلس وأنشطته الداخلية والخارجية. وتسند إليها وجوبا رئاسة اللجنة المكلفة بالمالية وخطة مقرر باللجنة المكلفة بالعلاقات الخارجية، كما لها الحق في تكوين لجنة تحقيق كل سنة وترؤسها. ومن واجباتها الإسهام النشيط والبنّاء في العمل النيابي.

(الفصل ٦١)
التصويت في مجلس نواب الشعب شخصي ولا يمكن تفويضه.

(الفصل ٦٢)
تُمارَس المبادرة التشريعية بمقترحات قوانين من عشرة نواب على الأقل، أو بمشاريع قوانين من رئيس الجمهورية أو رئيس الحكومة.
ويختص رئيس الحكومة بتقديم مشاريع قوانين الموافقة على المعاهدات ومشاريع قوانين المالية.

제63조

의원들이 제출한 법안과 개정안의 승인이 금융법에 규정된 국가 재정 균형을 위반한다면 이를 수용되지 않는다.

제64조

국민의회는 의원 절대 과반수로 기본법안을 비준하며, 출석 의원 과반수로 일반 법률안을 비준한다. 과반수가 3분의 1보다 적어서는 안 된다. 법안 초안은 소관 위원회에 제출된 날로부터 15일이 경과하기 전에는 국민의회의 총회 토의에 제출되지 않는다.

ولمشاريع القوانين أولوية النظر.

(الفصل ٦٣)
مقترحات القوانين ومقترحات التعديل المقدمة من قبل النواب لا تكون مقبولة إذا كان إقرارها يخل بالتوازنات المالية للدولة التي تم ضبطها في قوانين المالية.

(الفصل ٦٤)
يصادق مجلس نواب الشعب بالأغلبية المطلقة لأعضائه على مشاريع القوانين الأساسية، وبأغلبية أعضائه الحاضرين على مشاريع القوانين العادية، على ألَّا تقل هذه الأغلبية عن ثلث أعضاء المجلس. لا يُعرض مشروع القانون الأساسي على مداولة الجلسة العامة لمجلس نواب الشعب إلا بعد مضي خمسة عشر يوما من إحالته على اللجنة المختصة.

제65조

다음의 사항과 관련된 법률은 일반법률로 본다.

- 다양한 공공 기관과 시설의 설립 및 그곳에서의 판매를 위해 규정된 절차
- 국적
- 민사 및 상업적 의무
- 다양한 법원의 사전절차
- 중범죄와 경범죄 및 그것에 적용되는 처벌 제정, 자유를 제한하는 처벌을 받을 만한 위반 제정
- 일반 사면
- 조세의 부과, 세율 및 징수절차의 규율
- 통화 발행 법규
- 차관과 국가 금융 의무
- 국가 고위직의 규율
- 소득 신고
- 시민과 군 공무원에게 제공된 기초 보장책

(الفصل ٦٥)

تتخذ شكل قوانين عادية النصوص المتعلقة بـــ:

- إحداث أصناف المؤسسات والمنشآت العمومية والإجراءات المنظمة للتفويت فيها،
- الجنسية،
- الالتزامات المدنية والتجارية،
- الإجراءات أمام مختلف أصناف المحاكم،
- ضبط الجنايات والجنح والعقوبات المنطبقة عليها وكذلك المخالفات المستوجبة لعقوبة سالبة للحرية،
- العفو العام،
- ضبط قاعدة الأداءات والمساهمات ونسبها وإجراءات استخلاصها،
- نظام إصدار العملة،
- القروض والتعهدات المالية للدولة،
- ضبط الوظائف العليا،
- التصريح بالمكاسب،

- 조약 비준 제도

- 재산법, 부동산재산권, 교육, 과학연구, 문화, 공중보건, 환경, 국토와 도시계획, 에너지, 노동자의 권리 및 사회보장의 기본적인 원칙

다음의 사항과 관련된 법률은 기본법률로 본다.

- 조약 승인

- 공평성과 사법 제도

- 정보 · 언론 · 출판 제도

- 정당, 연맹, 협회, 위원회, 직업 기관과 자금 조달

- 국가 군대 제도

- 국내 보안군과 세관 제도

- 선거법

- 제56조 규정에 따른 국민의회의 임기 연장

- 제75조 규정에 따른 대통령의 임기 연장

- 인간의 자유와 인권

- 개인 지위법

- الضمانات الأساسية الممنوحة للموظفين المدنيين والعسكريين،

- تنظيم المصادقة على المعاهدات،

- قوانين المالية وغلق الميزانية والمصادقة على مخططات التنمية،

- المبادئ الأساسية لنظام الملكية والحقوق العينية والتعليم والبحث العلمي والثقافة والصحة العمومية والبيئة والتهيئة الترابية والعمرانية والطاقة وقانون الشغل والضمان الاجتماعي.

تتخذ شكل قوانين أساسية النصوص المتعلقة بالمسائل التالية:

- الموافقة على المعاهدات،

- تنظيم العدالة والقضاء،

- تنظيم الإعلام والصحافة والنشر،

- تنظيم الأحزاب والنقابات والجمعيات والمنظمات والهيئات المهنية وتمويلها،

- 국민의 기본 의무
- 지방 정부
- 헌법위원회 조직
- 기초 예산법

법률의 범위에 포함되지 않는 문제는 일반 규제권의 범위에 포함된다.

- تنظيم الجيش الوطني،
- تنظيم قوات الأمن الداخلي والديوانة،
- القانون الانتخابي،
- التمديد في مدة مجلس نواب الشعب وفق أحكام الفصل ٥٦،
- التمديد في المدة الرئاسية وفق أحكام الفصل ٧٥،
- الحريات وحقوق الإنسان،
- الأحوال الشخصية،
- الواجبات الأساسية للمواطنة،
- السلطة المحلية،
- تنظيم الهيئات الدستورية،
- القانون الأساسي للميزانية.

يدخل في مجال السلطة الترتيبية العامة المواد التي لا تدخل في مجال القانون.

제66조

국가의 자원과 그의 비용(사용)은 예산에 관한 기본법에 명시된 조건에 따라 법률로 정한다.

국민의회는 재정 법안과 회계 결산을 예산 기본법에 명시된 조건들에 따라 승인한다.

재정 법안은 10월 15일 이전에 국민의회에 제출되며 12월 10일 이전에 승인된다.

대통령은 의회의 승인 이후 2일 이내에 의회에 재의를 위해 재정법률안을 환부할 수 있다. 이 경우 의회는 환부권 행사 이후 3일 이내에 재의를 위한 회의를 소집해야 한다.

제120조 제1항에 언급된 당사자들에게는, 환부 이후나 획득하지도 못한 채 환부권 행사 마감시간이 경과한 이후 의회가 2번째로 승인한 3일 이내에, 이의신청 이후 5일을 초과하지 않는 기간에 결정을 하는 헌법재판소에 재정법 조항들에 합헌성이 없다는 이의신청을 제기할 수 있다.

법원이 합헌성 없음을 판결하면 (법원은) 판결을 대통령에

(الفصل ٦٦)

يرخص القانون في موارد الدولة وتكاليفها حسب الشروط المنصوص عليها بالقانون الأساسي للميزانية.

يصادق مجلس نواب الشعب على مشاريع قوانين المالية وغلق الميزانية طبق الشروط المنصوص عليها بالقانون الأساسي للميزانية.

يقدَّم مشروع قانون المالية للمجلس في أجل أقصاه ١٥ أكتوبر ويصادق عليه في أجل أقصاه ١٠ ديسمبر.

يمكن لرئيس الجمهورية أن يردّ المشروع إلى المجلس لقراءة ثانية خلال اليومين المواليين لمصادقة المجلس عليه. وفي صورة الرد، يجتمع المجلس للتداول ثانية خلال الأيام الثلاثة الموالية لممارسة حق الرد.

يجوز للأطراف المشار إليها بالمطة الأولى من الفصل ١٢٠، خلال الأيام الثلاثة الموالية لمصادقة المجلس للمرة الثانية بعد الرد أو بعد انقضاء آجال ممارسة حق الرد دون حصوله، الطعن بعدم الدستورية في أحكام

게 이송하며 이는 대통령에 의해 국민의회 의장에게 이송된다. 이 모든 것은 법원의 판결일로부터 2일을 초과하지 않는 기간 내에 이루어진다. 의회는 헌법재판소의 판결이 도착한 날로부터 3일 이내에 법안을 승인한다.

법안에 대한 합헌성 결정, 환부 직후의 2번째 승인, 환부와 획득하지도 못한 채 합헌성 없음에 대한 이의신청 마감기간이 경과하게 되면, 대통령은 2일 이내에 재정 법안을 공표한다. 모든 경우에 공표는 12월 31일을 넘지 않는 기간 내에 이루어진다.

12월 31일 이내에 재정 법안이 승인되지 못했다면, 비용과 관련된 법안이 실행될 수 있고 대통령령에 따라 갱신이 되는 3개월 동안 유효하며, 효력이 진행 중에 있는 법률에 따라 수익을 징수할 수 있다.

قانون المالية أمام المحكمة الدستورية التي تبت في أجل لا يتجاوز الأيام الخمسة الموالية للطعن.

إذا قضت المحكمة بعدم الدستورية، تحيل قرارها إلى رئيس الجمهورية الذي يحيله بدوره إلى رئيس مجلس نواب الشعب، كل ذلك في أجل لا يتجاوز يومين من تاريخ قرار المحكمة. ويصادق المجلس على المشروع خلال الأيام الثلاثة الموالية لتوصله بقرار المحكمة الدستورية.

عند إقرار دستورية المشروع أو عند المصادقة عليه ثانية إثر الرد أو عند انقضاء آجال الرد والطعن بعدم الدستورية دون حصول أي منهما، يختم رئيس الجمهورية مشروع قانون المالية في أجل يومين. وفي كل الحالات يتم الختم في أجل لا يتعدى ٣١ ديسمبر.

إذا لم تتم المصادقة على مشروع قانون المالية في أجل ٣١ ديسمبر، يمكن تنفيذ المشروع فيما يتعلق بالنفقات، بأقساط ذات ثلاثة أشهر قابلة للتجديد

제67조

상사 조약, 국제기구 · 국경 · 국가의 재정수반의무, 국민의 지위 혹은 입법적 지위의 양도 관련 조약은 승인을 위해 국민의회에 제출되어야 한다.

조약은 승인되어야 발효된다.

제68조

국민의회 의원은 의회의 직무수행과 관련하여 이루어진 의견, 제안, 혹은 행위로 인해 민.형사상 기소, 구금 혹은 재판을 받지 않는다.

بمقتضى أمر رئاسي، وتستخلص الموارد طبقا للقوانين الجاري بها العمل.

(الفصل ٦٧)
تعرض المعاهدات التجارية والمعاهدات المتعلقة بالتنظيم الدولي أو بحدود الدولة أو بالتعهدات المالية للدولة أو بحالة الأشخاص أو بأحكام ذات صبغة تشريعية على مجلس نواب الشعب للموافقة.
لا تصبح المعاهدات نافذة إلا بعد المصادقة عليها.

(الفصل ٦٨)
لا يمكن إجراء أي تتبع قضائي مدني أو جزائي ضد عضو بمجلس نواب الشعب، أو إيقافه، أو محاكمته لأجل آراء أو اقتراحات يبديها، أو أعمال يقوم بها، في ارتباط بمهامه النيابية.

제69조

의원이 서면으로 형사상 면책특권을 주장하면, 면책특권이 해제되지 않는 한 의원직 임기 동안 형사상 혐의로 그를 기소하거나 면직할 수 없다.

현행범인 경우에는 해직이 가능하고, 국민의회 의장에게 즉시 이를 통보해야 하며, 의회사무처가 요청하면 해직이 종료된다.

제70조

국민의회가 해산된 경우 대통령은 총리의 동의로 법률의 명령을 가지는 명령을 공표할 수 있으며, 이는 다음 정기 회기에서 의회의 비준을 위해 제출되어야 한다.

국민의회 5분의 3에 해당하는 의원은 2개월을 초과하지 않는 한정된 기간과 특정한 목적을 위해 법률의 범주에 포함되는 법률의 효력을 가지는 명령의 공표를 대통령에게 위임할 수 있으며, (이는) 언급된 기간의 종료 직후에 의회

(الفصل ٦٩)

إذا اعتصم النائب بالحصانة الجزائية كتابة، فإنه لا يمكن تتبعه أو إيقافه طيلة مدة نيابته في تهمة جزائية ما لم ترفع عنه الحصانة.

أما في حالة التلبس بالجريمة فإنه يمكن إيقافه، ويُعلَم رئيس المجلس حالا على أن ينتهي الإيقاف إذا طلب مكتب المجلس ذلك.

(الفصل ٧٠)

في حالة حل مجلس نواب الشعب، يمكن لرئيس الجمهورية إصدار مراسيم بالتوافق مع رئيس الحكومة تُعرض على مصادقة المجلس في الدورة العادية التالية.

يمكن لمجلس نواب الشعب بثلاثة أخماس أعضائه أن يفوّض بقانون لمدة محدودة لا تتجاوز الشهرين ولغرض معين إلى رئيس الحكومة إصدار مراسيم تدخل في مجال القانون تُعرض حال انقضاء المدة المذكورة على

비준을 위해 제출되어야 한다.

선거법은 법률의 효력을 가지는 명령의 범주에서 제외된다.

مصادقة المجلس.
يستثنى النظام الانتخابي من مجال المراسيم.

제4편
행정부

제71조

행정권은 공화국 대통령에 의해서 그리고 총리가 통할하는 정부에 의해서 행사된다.

الباب الرابع
السلطة التنفيذية

(الفصل ٧١)
يمارس السلطة التنفيذية رئيس الجمهورية وحكومة يرأسها رئيس الحكومة.

제1장

대통령

제72조

공화국 대통령은 국가원수이고 통합의 상징이며, 국가의 독립성과 지속성 및 헌법의 존엄성을 보장한다.

제73조

공화국 대통령의 공식 본부는 수도인 투니스에 두며, 예외적인 상황에서는 공화국 영토 내의 다른 장소로 이동할 수 있다.

제74조

대통령직에 입후보할 권리는 출생 때부터 튀니지 국적을 가지고 이슬람을 종교로 가진 모든 남녀 유권자에게 있다.

القسم الأول
رئيس الجمهورية

(الفصل ٧٢)
رئيس الجمهورية هو رئيس الدولة، ورمز وحدتها، يضمن استقلالها واستمراريتها، ويسهر على احترام الدستور.

(الفصل ٧٣)
المقر الرسمي لرئاسة الجمهورية تونس العاصمة، ويمكن في الظروف الاستثنائية أن ينقل إلى أي مكان آخر من تراب الجمهورية.

(الفصل ٧٤)
الترشح لمنصب رئيس الجمهورية حق لكل ناخبة أو ناخب تونسي الجنسية منذ الولادة، دينه الإسلام.

입후보자는 입후보 신청을 한 날에 적어도 35세에 달해야 한다. 튀니지 국적이 아닌 타 국적을 가진 자는 입후보 서류에 공화국의 대통령으로 당선된 것을 선언할 때 다른 국적을 포기한다는 약속을 제출한다.

입후보자는 선거법이 규정하는 바에 따라 국민의회 의원들과 선출된 지역의회 의장들 및 등록 유권자들 다수의 추천을 받아야 한다.

제75조

5년 임기의 대통령은 대통령직 임기 중 마지막 60일 이내에 보통·자유·직접·비밀·투명 선거에서 적법한 표의 절대 과반수로 선출된다.

후보자들 중 어느 누군가가 1차에서 절대 다수를 획득하지 못한 경우, 1차의 최종 결과를 공표한 후 2주일 이내에

يشترط في المترشح يوم تقديم ترشحه أن يكون بالغا من العمر خمسا وثلاثين سنة على الأقل. وإذا كان حاملا لجنسية غير الجنسية التونسية فإنه يقدم ضمن ملف ترشحه تعهدا بالتخلي عن الجنسية الأخرى عند التصريح بانتخابه رئيسا للجمهورية.

تشترط تزكية المترشح من قبل عدد من أعضاء مجلس نواب الشعب أو رؤساء مجالس الجماعات المحلية المنتخبة أو الناخبين المرسمين حسبما يضبطه القانون الانتخابي.

(الفصل ٧٥)

يُنتخب رئيس الجمهورية لمدة خمسة أعوام خلال الأيام الستين الأخيرة من المدة الرئاسية انتخابا عاما، حرا، مباشرا، سريا، نزيها، وشفافا، وبالأغلبية المطلقة للأصوات المصرح بها.

وفي صورة عدم حصول أي من المترشِحين على

2차가 준비되며, 1차에서 가장 많은 표를 획득한 2명의 후보자가 2차에 진출한다.

1차나 2차에서 후보자들 중 1인이 사망한다면, 후보자 추천이 다시 이루어지고 45일을 초과하지 않는 기간 이내에 선거일이 새로 정해진다. 1차나 2차에서의 후보 사퇴는 선거에 영향을 미치지 않는다.

예상치 못한 위험 때문에 정해진 날에 선거를 진행하기 어려운 경우, 대통령직 임기는 법률에 의해 연장된다.

공화국 대통령직은 연임이든 중임이든 2번 이상을 맡는 것은 허용되지 않는다. 중도 사임의 경우에도 완전한 임기를 다한 것으로 본다.

대통령직의 재임횟수와 재임기간을 연장하는 어떠한 개정도 허용되지 않는다.

الأغلبية المطلقة في الدورة الأولى، تنظم دورة ثانية خلال الأسبوعين التاليين للإعلان عن النتائج النهائية للدورة الأولى، ويتقدم للدورة الثانية المترشّحان المحرزان على أكثر عدد من الأصوات في الدورة الأولى.

إذا توفي أحد المترشحِين في الدورة الأولى أو أحد المترشحيْن لدورة الإعادة، يعاد فتح باب الترشح وتحديد المواعيد الانتخابية من جديد في أجل لا يتجاوز خمسة وأربعين يوما. ولا يُعتدّ بالانسحاب في الدورة الأولى أو الدورة الثانية.

وإذا تعذر إجراء الانتخاب في موعده بسبب خطر داهم، فإنّ المدة الرئاسية تمدد بقانون.

ولا يجوز تولي رئاسة الجمهورية لأكثر من دورتين كاملتين، متصلتين أو منفصلتين. وفي حالة الاستقالة تعتبر تلك المدة مدة رئاسية كاملة.

لا يجوز لأي تعديل أن ينال من عدد الدورات الرئاسية ومددها بالزيادة.

第76조

대통령 당선자는 국민의회 앞에서 다음과 같은 선서를 한다.

"나는 튀니지의 독립과 영토의 안전을 수호하고, 헌법과 입법을 존중하며, 국익을 보호하고, 국가에 충성을 다할 것을 위대한 알라께 맹세합니다."

대통령이 정당의 직책을 겸하는 것은 허용되지 않는다.

第77조

대통령은 국가를 대표하고, 국내·외의 위협들로부터 국가와 영토의 보호에 관련된 방위와 국제 관계 및 국민 안전 분야들에서 공공 정책을 결정할 책임을 진다. 그러한 일은 총리의 자문 이후에 진행된다.

대통령의 권한은 다음과 같다.

- 헌법이 명시하고 있는 상황에서 국민의회를 해산할 수

(الفصل ٧٦)

يؤدي رئيس الجمهورية المنتخب أمام مجلس نواب الشعب اليمين التالية:

«أقسم بالله العظيم أن أحافظ على استقلال تونس وسلامة ترابها، وأن أحترم دستورها وتشريعها، وأن أرعى مصالحها، وأن ألتزم بالولاء لها».

لا يجوز لرئيس الجمهورية الجمع بين مسؤولياته وأية مسؤولية حزبية.

(الفصل ٧٧)

يتولّى رئيس الجمهورية تمثيل الدولة، ويختص بضبط السياسات العامة في مجالات الدفاع والعلاقات الخارجية والأمن القومي المتعلق بحماية الدولة والتراب الوطني من التهديدات الداخلية والخارجية وذلك بعد استشارة رئيس الحكومة.

كما يتولّى:

있다. 국민의회의 해산은 첫 정부가 의회 선거 이후 의회의 신뢰를 획득한 6개월 이내나 대통령직 임기 동안 또는 의원직 임기 중 마지막 6개월 이내에는 허용되지 않는다.

- 총리, 국민의회 의장이 소집되는 국가안보위원회 의장직을 맡는다.
- 군대의 최고 사령관이 된다.
- 국민의회 의원 5분의 3의 동의 후에 전쟁을 선포하고 평화조약을 체결하며, 국민의회 의장과 총리의 동의를 얻어 해외에 군대를 파견한다. 의회는 군대 파견을 결정한 날로부터 60일을 초과하지 않는 기간 내에 이 사안을 결의하기 위해 소집된다.
- 예외적인 상황이 필요로 하는 법령을 채택하고, 제80조에 따라 이를 공표한다.
- 조약을 승인하고 이의 공표를 허용한다.
- 훈장을 수여한다.

- حلّ مجلس نواب الشعب في الحالات التي ينصّ عليها الدستور، ولا يجوز حلّ المجلس خلال الأشهر الستة التي تلي نيل أول حكومة ثقة المجلس بعد الانتخابات التشريعية أو خلال الأشهر الستة الأخيرة من المدة الرئاسية أو المدة النيابية،

- رئاسة مجلس الأمن القومي ويُدعى إليه رئيس الحكومة ورئيس مجلس نواب الشعب،

- القيادة العليا للقوات المسلحة،

- إعلان الحرب وإبرام السلم بعد موافقة مجلس نواب الشعب بأغلبية ثلاثة أخماس أعضائه، وإرسال قوات إلى الخارج بموافقة رئيسيْ مجلس نواب الشعب والحكومة، على أن ينعقد المجلس للبت في الأمر خلال أجل لا يتجاوز ستين يوما من تاريخ قرار إرسال القوات،

- اتخاذ التدابير التي تحتمها الحالة الاستثنائية، والإعلان عنها طبق الفصل ٨٠،

- 특별 사면을 실시한다.

제78조

대통령은 대통령령으로 다음과 같은 임명권을 행사한다.

- 튀니지 공화국의 무프티[14]를 임면(任免)한다.
- 공화국 대통령실과 그에 속한 기관들의 고위 공무원들을 임면한다. 이들 고위 공무원들은 법률로 규정한다.
- 군사 · 외교 · 국가 안전과 관련된 고위 공무원들을 총리와 협의한 후에 임면한다. 이러한 고위 공무원들은 법률로 규정한다.
- 총리의 제안과 국민의회 의원 절대 과반수의 동의 후에 중앙은행 총재를 임명한다. 그의 면직은 동일한 방식이나 국민의회 의원 3분의 1의 요청과 의원 절대 과반수의 동의로 이루어진다.

- المصادقة على المعاهدات والإذن بنشرها،
- إسناد الأوسمة،
- العفو الخاص.

(الفصل ٧٨)
يتولى رئيس الجمهورية بأوامر رئاسية:
- تعيين مفتي الجمهورية التونسية وإعفاءه،
- التعيينات والإعفاءات في الوظائف العليا برئاسة الجمهورية والمؤسسات التابعة لها، وتضبط هذه الوظائف العليا بقانون.
- التعيينات والإعفاءات في الوظائف العليا العسكرية والدبلوماسية والمتعلقة بالأمن القومي بعد استشارة رئيس الحكومة، وتضبط هذه الوظائف العليا بقانون.
- تعيين محافظ البنك المركزي باقتراح من رئيس الحكومة، وبعد مصادقة الأغلبية المطلقة لأعضاء مجلس نواب الشعب. ويتمّ إعفاؤه بنفس الطريقة أو

제79조

대통령은 국민의회에서 연설을 할 수 있다.

제80조

국가의 생존이나 안보나 독립을 위협하거나 국가의 조직과 작용의 정상적인 진행을 어렵게 만드는 갑작스런 위험 상황에서, 대통령은 총리와 국민의회 의장의 자문, 헌법재판소 소장의 공지 이후에 그러한 예외 상황을 방어하는 법령을 채택하고 국민들에게 성명서로 법령을 공표한다.

이러한 조치의 목적은 가장 짧은 시간 내에 국가의 조직과 작용의 정상적인 진행을 다시 제자리로 돌아오도록 보장하는 것이어야 한다. 국민의회는 이 기간 내내 상시 개

بطلب من ثلث أعضاء مجلس نواب الشعب ومصادقة الأغلبية المطلقة من الأعضاء.

(الفصل ٧٩)
لرئيس الجمهورية أن يخاطب مجلس نواب الشعب.

(الفصل ٨٠)
لرئيس الجمهورية في حالة خطر داهم مهدد لكيان الوطن أو أمن البلاد أو استقلالها، يتعذر معه السير العادي لدواليب الدولة، أن يتخذ التدابير التي تحتمها تلك الحالة الاستثنائية، وذلك بعد استشارة رئيس الحكومة ورئيس مجلس نواب الشعب وإعلام رئيس المحكمة الدستورية، ويعلن عن التدابير في بيان إلى الشعب.
ويجب أن تهدف هذه التدابير إلى تأمين عودة السير العادي لدواليب الدولة في أقرب الآجال، ويُعتبر

회 상태에 있다고 본다. 이러한 상황에서 대통령은 국민의회를 해산할 수 없으며, 정부에 대한 불신임도 제출할 수 없다.

이 조치가 효력을 발휘한 지 30일이 경과한 후에 그리고 그 이후 어느 때라도 국민의회 의장이나 의원 30명의 요청으로 예외 상황의 지속과 무효에 대한 결정은 헌법재판소에 위임된다. 헌법재판소는 15일 이내에 결정을 공표한다.

법령의 효력은 원인들이 소멸함으로써 끝난다. 대통령은 이에 대한 성명서를 국민들에게 발표한다.

제81조

대통령은 법률에 사인을 하고 다음에 명시한 날로부터 4일 이내에 그 법률을 튀니지 공화국 관보에 공표해야 한

مجلس نواب الشعب في حالة انعقاد دائم طيلة هذه الفترة. وفي هذه الحالة لا يجوز لرئيس الجمهورية حل مجلس نواب الشعب كما لا يجوز تقديم لائحة لوم ضد الحكومة.

وبعد مضيّ ثلاثين يوما على سريان هذه التدابير، وفي كل وقت بعد ذلك، يعهد إلى المحكمة الدستورية بطلب من رئيس مجلس نواب الشعب أو ثلاثين من أعضائه البتُّ في استمرار الحالة الاستثنائية من عدمه. وتصرح المحكمة بقرارها علانية في أجل أقصاه خمسة عشر يوما.

ويُنهى العمل بتلك التدابير بزوال أسبابها. ويوجه رئيس الجمهورية بيانا في ذلك إلى الشعب.

(الفصل ٨١)

يختم رئيس الجمهورية القوانين ويأذن بنشرها بالرائد الرسمي للجمهورية التونسية في أجل لا يتجاوز أربعة

다.

1. 위헌심판 청구 및 환부 중 어느 것도 발생하지 않고 기한 만료

2. 합헌성의 결정 이후 환부 기한의 종료 혹은 제121조 제3항 규정에 따라 대통령에게 법안을 의무적으로 이송한 이후 이를 실행하지 않은 경우의 환부 기간 만료

3. 대통령으로부터 환부되고 의회가 개정된 형태로 승인한 법안의 비합헌성에 대한 이의신청 기간 만료

4. 첫 번째 승인이나 합헌성 결정 공표 직후 비합헌성에 대한 이의신청을 하지 않았거나 제121조 제3항 규정에 따라 대통령에게 의무적으로 이송된 경우, 의회는 환부 이후 개정 없이 두 번째로 법안을 승인

5. 대통령으로부터 환부되고 의회가 개정된 형태로 승인한 경우, 헌법재판소가 합헌성에 대한 결정을 공표하거나 제121조 제3항 규정에 따라 대통령에게 법안을 의무적으로 이송

أيام من تاريخ:
١- انقضاء آجال الطعن بعدم الدستورية والردّ دون حصول أي منهما،
٢- انقضاء أجل الردّ دون ممارسته بعد صدور قرار بالدستورية أو الإحالة الوجوبية لمشروع القانون إلى رئيس الجمهورية وفق أحكام الفقرة الثالثة من الفصل ١٢١،
٣- انقضاء أجل الطعن بعدم الدستورية في مشروع قانون وقع ردّه من رئيس الجمهورية والمصادقة عليه من قبل المجلس في صيغة معدّلة.
٤- مصادقة المجلس ثانية دون تعديل على مشروع قانون تبعا لردّه، ولم يطعن فيه بعدم الدستورية إثر المصادقة الأولى أو صدر قرار بدستوريته أو أحيل وجوبا إلى رئيس الجمهورية وفق أحكام الفقرة الثالثة من الفصل ١٢١.
٥- صدور قرار المحكمة بالدستورية أو الإحالة

합헌적 법안이 아닌 경우, 대통령에게는 법안을 개정안과 함께 두 번째 교체를 위해 의회로 환부할 권리가 있으며, 다음에 명시한 날로부터 5일 이내에 이루어진다.

1. 제120조 제1항 규정에 따라 발생하지 않은 비합헌성에 대한 이의신청 기간 만료
2. 제120조 제1항 규정의 의미에 대한 이의신청의 경우, 제121조 제3항 규정에 따라 합헌성 결정을 공표하거나 대통령에게 법안을 의무적으로 이송

일반 법안에 대한 승인은 환부 직후 의회 의원 절대 과반수로 이루어지며, 정책 법안에 대한 승인은 의회 의원 5분의 3의 동의로 이루어진다.

الوجوبية لمشروع القانون إلى رئيس الجمهورية وفق أحكام الفقرة الثالثة من الفضل ١٢١، إن سبق رده من رئيس الجمهورية وصادق عليه المجلس في صيغة معدّلة.

باستثناء مشاريع القوانين الدستورية، لرئيس الجمهورية الحق في رد المشروع مع التعليل إلى المجلس للتداول ثانية، وذلك خلال أجل خمسة أيام من تاريخ:

١- انقضاء أجل الطعن بعدم الدستورية دون حصوله وفق أحكام المطة الأولى من الفصل ١٢٠،

٢- صدور قرار بالدستورية أو الإحالة الوجوبية لمشروع القانون إلى رئيس الجمهورية وفق أحكام الفقرة الثالثة من الفصل ١٢١ في حالة الطعن على معنى أحكام المطة الأولى من الفصل ١٢٠.

وتكون المصادقة، إثر الردّ، بالأغلبية المطلقة لأعضاء المجلس على مشاريع القوانين العادية وبأغلبية ثلاثة أخماس أعضاء المجلس على مشاريع القوانين الأساسية.

제82조

대통령은 예외적으로 환부 기간 중에 협정의 비준, 자유와 인권, 개인의 신분과 관련된 법안과 국민의회가 비준한 법안을 국민투표에 부칠 수 있다. 국민투표에 부치는 것은 환부권의 포기로 본다.

국민투표가 법안을 수용하게 되면 대통령은 서명을 하고 국민투표 결과 공지일로부터 10일이 경과하지 않는 기간에 공표한다.

국민투표의 절차와 결과 공지는 선거법으로 규정한다.

제83조

대통령은 한시적으로 직무 수행을 하지 못할 경우 30일을 초과하지 않는 기간 동안 총리에게 위임하며, 이 기간은 1

(الفصل ٨٢)

لرئيس الجمهورية، استثنائيا، خلال أجل الرد، أن يقرر العرض على الاستفتاء مشاريعَ القوانين المتعلقة بالموافقة على المعاهدات، أو بالحريات وحقوق الإنسان، أو بالأحوال الشخصية، والمصادق عليها من قبل مجلس نواب الشعب. ويعتبر العرض على الاستفتاء تخليا عن حق الرد.

وإذا أفضى الاستفتاء إلى قبول المشروع فإن رئيس الجمهورية يختمه ويأذن بنشره في أجل لا يتجاوز عشرة أيام من تاريخ الإعلان عن نتائج الاستفتاء.

ويضبط القانون الانتخابي صيغ إجراء الاستفتاء والإعلان عن نتائجه.

(الفصل ٨٣)

لرئيس الجمهورية إذا تعذّر عليه القيام بمهامه بصفة وقتية أن يفوّض سلطاته إلى رئيس الحكومة لمدة لا

회 연장할 수 있다.
대통령은 그의 권한의 한시적인 위임을 국민의회 의장에게 통보한다.

제84조

대통령의 권한 위임을 방해하는 어떤 이유 때문에 대통령직이 한시적으로 공석이 된 경우, 헌법재판소는 즉시 회의를 소집하여 일시적인 공석을 결정하고, 총리가 대통령직을 부여 받는다. 한시적인 공석 기간은 60일을 초과할 수 없다.
한시적인 공석이 60일을 초과하거나 대통령이 헌법재판소 소장에게 사직서를 서면으로 제출한 경우, 사망이나 영구적 장애의 경우, 영구적인 공석의 원인들인 경우, 헌법재판소는 즉시 회의를 소집하여 영구적인 공석을 결정하며, 대통령의 직무를 최소 45일에서 최대 70일까지의 기간 동안 즉각 일시적으로 맡을 국민의회 의장에게 이를

تزيد عن ثلاثين يوما قابلة للتجديد مرة واحدة.
ويعلم رئيس الجمهورية رئيس مجلس نواب الشعب بتفويضه المؤقت لسلطاته.

(الفصل ٨٤)
عند الشغور الوقتي لمنصب رئيس الجمهورية، لأسباب تحول دون تفويضه سلطاته، تجتمع المحكمة الدستورية فورا، وتقرّ الشغور الوقتي، فيحل رئيس الحكومة محل رئيس الجمهورية. ولا يمكن أن تتجاوز مدة الشغور الوقتي ستين يوما.
إذا تجاوز الشغور الوقتي مدة الستين يوما، أو في حالة تقديم رئيس الجمهورية استقالته كتابة إلى رئيس المحكمة الدستورية، أو في حالة الوفاة، أو العجز الدائم، أو لأي سبب آخر من أسباب الشغور النهائي، تجتمع المحكمة الدستورية فورا، وتقر الشغور النهائي، وتبلّغ ذلك إلى رئيس مجلس نواب الشعب الذي يتولى فورا

알린다.

제85조

영구적인 공석의 경우 대통령 권한대행은 국민의회 앞에서 헌법에 따른 선서를 하며, 의회 해산의 경우에는 필요시에 대통령 집무실 앞에서나 헌법재판소 앞에서 선서를 한다.

제86조

대통령 권한대행은 한시적이거나 영구적인 공석 기간 동안 대통령직을 수행한다. 그에게는 헌법 개정 제안, 국민투표 실시, 국민의회 해산의 권리가 없다.
대통령 권한대행직 임기 동안 완전한 대통령직 임기를 위한 대통령이 선출되며, 대통령 권한대행은 정부를 비난하는 어떠한 문서도 제출할 수 없다.

مهام رئيس الجمهورية بصفة مؤقتة لأجل أدناه خمسة وأربعون يوما وأقصاه تسعون يوما.

(الفصل ٨٥)

في حالة الشغور النهائي يؤدي القائم بمهام رئيس الجمهورية اليمين الدستورية أمام مجلس نواب الشعب وعند الاقتضاء أمام مكتبه، أو أمام المحكمة الدستورية في حالة حل المجلس.

(الفصل ٨٦)

يمارس القائم بمهام رئيس الجمهورية، خلال الشغور الوقتي أو النهائي، المهام الرئاسية. ولا يحق له المبادرة باقتراح تعديل الدستور، أو اللجوء إلى الاستفتاء، أو حل مجلس نواب الشعب.

وخلال المدة الرئاسية الوقتية يُنتخب رئيس جمهورية جديد لمدة رئاسية كاملة، كما لا يمكن تقديم لائحة

제87조

대통령은 대통령직 임기 동안 면책특권을 누리고, 그의 권리에 대한 시효와 소멸의 모든 기한이 보류되며, 그의 임무가 종료된 후에 절차들이 재개될 수 있다.

대통령은 대통령직의 수행 테두리 내에서 행했던 업무들에게 관해 책임을 지지 않는다.

제88조

국민의회 의원 과반수는 헌법에 대한 중대한 위반의 경우에 대통령의 면직을 위한 발의를 할 수 있고, 이 경우에 의원들 중 3분의 2가 동의하면 재판관 3분의 2에 의한 결정을 위해 헌법재판소로 이송된다. 헌법재판소는 유죄판결의 경우에만 해임을 선고할 수 있다. 필요한 경우 형사소추 때문에 해임되지 않는다.

لوم ضدّ الحكومة.

(الفصل ٨٧)
يتمتع رئيس الجمهورية بالحصانة طيلة توليه الرئاسة، وتُعلَّق في حقه كافة آجال التقادم والسقوط، ويمكن استئناف الإجراءات بعد انتهاء مهامه.
لا يسأل رئيس الجمهورية عن الأعمال التي قام بها في إطار أدائه لمهامه.

(الفصل ٨٨)
يمكن لأغلبية أعضاء مجلس نواب الشعب المبادرة بلائحة معللة لإعفاء رئيس الجمهورية من أجل الخرق الجسيم للدستور، ويوافق عليها المجلس بأغلبية الثلثين من أعضائه، وفي هذه الصورة تقع الإحالة إلى المحكمة الدستورية للبت في ذلك بأغلبية الثلثين من أعضائها.
ولا يمكن للمحكمة الدستورية أن تحكم في صورة

재판에 의해 해임이 이루어지면 다른 선거에 입후보할 권리가 상실된다.

الإدانة إلا بالعزل. ولا يُعفي ذلك من التتبعات الجزائية عند الاقتضاء.

ويترتب على الحكم بالعزل فقدانه لحق الترشح لأي انتخابات أخرى.

제2장

정부

제89조

정부는 총리, 장관, 총리가 선택하는 국가 비서관들로 구성되고, 외무부와 국방부 장관의 경우에는 대통령과 협의한다.

선거의 최종 결과가 공표된 1주일 이내에, 대통령은 정당이나 국민의회의 가장 많은 의석 수를 획득한 정당이나 선거연정의 후보자에게 한번 연장이 가능한 1개월 이내에 정부 구성을 위임한다. 의석수가 동수인 경우 가장 많은 의석수를 획득한 정당에게 정부 구성을 위임할 수 있다.

정부를 구성하지 못하고 정해진 기간이 초과된 경우나 국민의회의 신임을 획득하지 못한 경우, 대통령은 10일 이내에 정당들, 연립정당들, 연합의원단과 함께 1개월 이내에

القسم الثاني
الحكومة

(الفصل ٨٩)

تتكون الحكومة من رئيس ووزراء وكتّاب دولة يختارهم رئيس الحكومة وبالتشاور مع رئيس الجمهورية بالنسبة لوزارتيْ الخارجية والدفاع.

في أجل أسبوع من الإعلان عن النتائج النهائية للانتخابات، يكلف رئيس الجمهورية، مرشح الحزب أو الائتلاف الانتخابي المتحصل على أكبر عدد من المقاعد بمجلس نواب الشعب، بتكوين الحكومة خلال شهر يجدّد مرة واحدة. وفي صورة التساوي في عدد المقاعد يُعتمد للتكليف عدد الأصوات المتحصل عليها.

عند تجاوز الأجل المحدد دون تكوين الحكومة، أو في حالة عدم الحصول على ثقة مجلس نواب الشعب،

정부를 구성할 수 있도록 가장 능력이 뛰어난 인물에게 이를 위임하기 위한 협상을 진행한다.
첫 번째 위임에 4개월이 지났다면 국민의회 의원들은 정부에게 신임을 허용하지 않으며, 대통령에게는 국민의회를 해산하고 최소 45일부터 최대 90일 이내에 새로운 합법적 선거를 소집할 권리를 허용하지 않는다.
정부는 의원 절대 과반수의 신임을 획득하기 위해 국민의회로 업무 계획 요약문을 제출한다. 정부가 의회의 신임을 획득하면 대통령이 즉시 총리와 비서관들을 임명한다.
총리와 비서관들은 대통령 앞에서 다음과 같은 선서를 한다.
"나는 튀니지의 성공을 위해 성실히 일하고, 헌법과 법률을 존중하며, 국가의 이익을 지키고, 조국에 충성할 것을 위대한 알라께 맹세합니다."

يقوم رئيس الجمهورية في أجل عشرة أيام بإجراء مشاورات مع الأحزاب والائتلافات والكتل النيابية لتكليف الشخصية الأقدر من أجل تكوين حكومة في أجل أقصاه شهر.

إذا مرت أربعة أشهر على التكليف الأول، ولم يمنح أعضاء مجلس نواب الشعب الثقة للحكومة، لرئيس الجمهورية الحق في حلّ مجلس نواب الشعب والدعوة إلى انتخابات تشريعية جديدة في أجل أدناه خمسة وأربعون يوما وأقصاه تسعون يوما.

تعرض الحكومة موجز برنامج عملها على مجلس نواب الشعب لنيل ثقة المجلس بالأغلبية المطلقة لأعضائه.

عند نيل الحكومة ثقة المجلس يتولى رئيس الجمهورية فورا تسمية رئيس الحكومة وأعضائها.

يؤدي رئيس الحكومة وأعضاؤها أمام رئيس الجمهورية اليمين التالية:

"أقسم بالله العظيم أن أعمل بإخلاص لخير تونس وأن

제90조

국무위원과 국민의회 의원을 겸하는 것은 금지된다. 공석을 메우는 방식은 선거법으로 규정한다.

총리나 국무위원이 어떠한 다른 직을 수행하는 것은 허용되지 않는다.

제91조

총리는 제77조항에 의거해 국가의 일반 정책을 결정하고, 집행을 감시한다.

제92조

총리의 권한은 다음과 같다.

- 내각과 국가 비서실을 설치 · 개정 · 해산하고 국무회

أحترم دستورها وتشريعها وأن أرعى مصالحها وأن ألتزم بالولاء لها".

(الفصل ٩٠)
يُمنع الجمع بين عضوية الحكومة وعضوية مجلس نواب الشعب. ويضبط القانون الانتخابي كيفية سدّ الشغور. ولا يجوز لرئيس الحكومة ولا لأعضائها ممارسة أية مهنة أخرى.

(الفصل ٩١)
يضبط رئيس الحكومة السياسة العامة للدولة، مع مراعاة مقتضيات الفصل ٧٧، ويسهر على تنفيذها.

(الفصل ٩٢)
يختص رئيس الحكومة بـ:
- إحداث وتعديل وحذف الوزارات وكتابات

의 토의 이후 그들의 권한과 특권을 규정.

- 정부 구성원의 해임이나 사임을 결정. 사안이 외무부나 국방부 장관과 관련된 경우 대통령과 협의.

- 공공 기관과 공공 기업 및 행정 부처를 설치 · 개정 · 해산하고 국무회의 토의 이후 그들의 권한과 특권을 규정. 대통령직에 소속된 사안을 제외하고, 이들의 설치 · 개정 · 해산은 대통령의 제안으로 이루어짐.

- 고위 공무원의 임명과 해임. 고위 공무원직은 법률로 규정.

총리는 언급된 권한 내에서 채택한 결정들을 대통령에게 보고.

총리는 행정부를 관리하고, 형식적인 성격의 국제 협약을 체결.

정부의 법률 집행 감시. 총리는 장관들에게 그의 일부 권한을 위임.

총리가 한시적으로 임무 수행을 하기 어려울 경우 그의 권

الدولة وضبط اختصاصاتها وصلاحياتها بعد مداولة مجلس الوزراء،

- إقالة عضو أو أكثر من أعضاء الحكومة أو البتّ في استقالته، وذلك بالتشاور مع رئيس الجمهورية إذا تعلق الأمر بوزير الخارجية أو وزير الدفاع،

- إحداث أو تعديل أو حذف المؤسسات والمنشآت العمومية والمصالح الإدارية وضبط اختصاصاتها وصلاحياتها بعد مداولة مجلس الوزراء، باستثناء الراجعة إلى رئاسة الجمهورية فيكون إحداثها أو تعديلها أو حذفها باقتراح من رئيس الجمهورية،

- إجراء التعيينات والإعفاءات في الوظائف المدنية العليا. وتضبط الوظائف المدنية العليا بقانون.

ويعلم رئيس الحكومة رئيسَ الجمهورية بالقرارات المتخذة في إطار اختصاصاته المذكورة.

يتصرف رئيس الحكومة في الإدارة، ويبرم الاتفاقيات الدولية ذات الصبغة الفنية.

한을 장관들 중 한 명에게 위임.

제93조

총리는 국무회의의 수장이다. 국무회의는 업무 일정을 정하는 총리의 소집으로 개최된다.

대통령은 국방, 외교 관계, 국내 · 외의 위협으로부터 국가와 영토의 보호와 관련된 국가 안보 분야의 국무회의를 의무적으로 주재한다. 그 외 다른 국무회의에도 참석하며, 참석할 경우 회의를 주재한다.

모든 법안들에 대한 토의는 국무회의에서 이루어진다.

وتسهر الحكومة على تنفيذ القوانين. ويمكن لرئيس الحكومة أن يفوض بعض صلاحياته للوزراء.
إذا تعذر على رئيس الحكومة ممارسة مهامه بصفة وقتية، يفوض سلطاته إلى أحد الوزراء.

(الفصل ٩٣)
رئيس الحكومة هو رئيس مجلس الوزراء. ينعقد مجلس الوزراء بدعوة من رئيس الحكومة الذي يضبط جدول أعماله.
يرأس رئيس الجمهورية مجلس الوزراء وجوبا في مجالات الدفاع، والعلاقات الخارجية، والأمن القومي المتعلق بحماية الدولة والتراب الوطني من التهديدات الداخلية والخارجية، وله أن يحضر ما عداها من مجالس وزراء. وعند حضوره يرأس المجلس.
يتم التداول في كل مشاريع القوانين بمجلس الوزراء.

제94조

총리는 전반적인 규제 권한을 행사하고, 내각의 토의 이후에 서명하는 행정명령을 공표한다.

총리가 공표하는 명령은 정부령으로 명명된다.

규제의 특성을 가진 명령에 대한 서명은 모든 주무장관으로 이루어진다.

총리는 장관들이 채택한 조정 결의의 부서(副署)를 담당한다.

제95조

정부는 국민의회 앞에 책임이 있다.

제96조

국민의회의 모든 의원은 의회 내규가 정한 바에 따라 서면이나 구두 질의를 정부에 제출할 수 있다.

(الفصل ٩٤)

يمارس رئيس الحكومة السلطة الترتيبية العامة، ويصدر الأوامر الفردية التي يمضيها بعد مداولة مجلس الوزراء.

وتسمى الأوامر الصادرة عن رئيس الحكومة أوامر حكومية.

يتم الإمضاء المجاور للأوامر ذات الصبغة الترتيبية من قبل كل وزير معني.

يتولى رئيس الحكومة تأشير القرارات الترتيبية التي يتخذها الوزراء.

(الفصل ٩٥)

الحكومة مسؤولة أمام مجلس نواب الشعب.

(الفصل ٩٦)

لكل عضو بمجلس نواب الشعب أن يتقدم إلى الحكومة بأسئلة كتابية أو شفاهية طبق ما يضبطه

제97조

최소한 국민의회 의원 3분의 1 이상이 의장에게 적법한 요청서를 제출한 이후 정부에 대한 불신임 투표를 할 수 있다. 의회 의장에게 제출된 지 15일이 경과하지 않은 경우, 불신임 투표를 할 수 없다.

정부에 대한 신임 철회는 의회 의원 절대 과반수의 동의와, 총리에게 대안 후보자를 추천하고 동일한 투표에서 총리가 그의 후보 추천을 승인한다는 것을 조건으로 한다. 대통령은 제89조 규정에 따라 그 후보에게 정부 구성을 위임한다.

언급된 과반수를 실현하지 못한 경우 6개월이 경과한 이후가 아니고는 정부에 대한 불신임을 다시 제출할 수 없다.

국민의회는 의원 3분의 1 이상이 의장에게 적법한 요청서를 제출한 이후, 정부 구성원에 대한 신임을 철회할 수 있

النظام الداخلي للمجلس.

(الفصل ٩٧)

يمكن التصويت على لائحة لوم ضد الحكومة، بعد طلب معلل يقدم لرئيس مجلس نواب الشعب من ثلث الأعضاء على الأقل. ولا يقع التصويت على لائحة اللوم إلا بعد مضي خمسة عشر يوما على إيداعها لدى رئاسة المجلس.

ويشترط لسحب الثقة من الحكومة موافقة الأغلبية المطلقة من أعضاء المجلس، وتقديم مرشح بديل لرئيس الحكومة يُصادَق على ترشيحه في نفس التصويت، ويتمّ تكليفه من قبل رئيس الجمهورية بتكوين حكومة طبق أحكام الفصل ٨٩.

في صورة عدم تحقق الأغلبية المذكورة، لا يمكن أن تقدم لائحة اللوم مجددا ضد الحكومة إلا بعد مُضي ستة أشهر.

다. 신임 철회 투표는 절대 과반수로 이루어진다.

제98조

총리의 사임은 정부 전체의 사임으로 본다. 사임은 국민의회 의장에게 통지를 하는 대통령에게 서면으로 제출된다.
총리는 정부의 지속적인 활동에 대한 신임 투표를 국민의회에 제출할 수 있으며, 투표는 국민의회 의원 절대 과반수로 이루어진다. 의회가 정부에 대한 신뢰를 갱신하지 않는다면 사퇴로 본다.
두 상황에서 대통령은 제89조에 따라 정부 구성을 할 수 있도록 가장 능력 있는 인물을 임명한다.

يمكن لمجلس نواب الشعب سحب الثقة من أحد أعضاء الحكومة بعد طلب معلل يقدم لرئيس المجلس من ثلث الأعضاء على الأقل، على أن يتم التصويت على سحب الثقة بالأغلبية المطلقة.

(الفصل ٩٨)
تُعدّ استقالة رئيس الحكومة استقالة للحكومة بكاملها.
وتقدم الاستقالة كتابة إلى رئيس الجمهورية الذي يُعلم بها رئيس مجلس نواب الشعب.
يمكن لرئيس الحكومة أن يطرح على مجلس نواب الشعب التصويت على الثقة في مواصلة الحكومة لنشاطها، ويتم التصويت بالأغلبية المطلقة لأعضاء مجلس نواب الشعب، فإن لم يجدد المجلس الثقة في الحكومة اعتبرت مستقيلة.
وفي الحالتين يكلّف رئيس الجمهورية الشخصية الأقدر لتكوين حكومة طبق مقتضيات الفصل ٨٩.

제99조

대통령은 대통령직 기간 동안 두 번까지 국민의회에 정부의 지속적인 활동에 대한 신임 투표를 요청할 수 있고, 투표는 의원 절대 과반수로 이루어진다. 정부에 대한 신임이 갱신되지 않을 경우 사임된 것으로 본다. 그때는 대통령이 제89조 제1항, 제5항, 제6항에 따라 30일 이내에 가장 능력 있는 인사에게 정부 구성을 위임한다. 정부가 구성되지 못한 채 정해진 기간이 초과한 경우나 국민의회의 신임을 획득하지 못한 경우, 대통령은 국민의회를 해산하고 최소 45일 이후부터 최대 90일 이내에 의회 선거를 요청한다.

의회가 정부에 대한 신임을 다시 갱신한 경우 대통령은 사임된 것으로 본다.

(الفصل ٩٩)

لرئيس الجمهورية أن يطلب من مجلس نواب الشعب التصويت على الثقة في مواصلة الحكومة لنشاطها، مرتين على الأكثر خلال كامل المدة الرئاسية، ويتم التصويت بالأغلبية المطلقة لأعضاء مجلس نواب الشعب، فإن لم يجدد المجلس الثقة في الحكومة اعتبرت مستقيلة، وعندئذ يكلف رئيس الجمهورية الشخصية الأقدر لتكوين حكومة في أجل أقصاه ثلاثون يوما طبقا للفقرات الأولى والخامسة والسادسة من الفصل ٨٩. عند تجاوز الأجل المحدد دون تكوين الحكومة، أو في حالة عدم الحصول على ثقة مجلس نواب الشعب، لرئيس الجمهورية الحق في حل مجلس نواب الشعب والدعوة إلى انتخابات تشريعية سابقة لأوانها في أجل أدناه خمسة وأربعون يوما وأقصاه تسعون يوما.

وفي حالة تجديد المجلس الثقة في الحكومة، في المرّتين، يعتبر رئيس الجمهورية مستقيلا.

제100조

사임과 신임 철회의 두 가지 상황 외 다른 이유로 총리직이 영구 공석이 되는 경우, 대통령은 집권하고 있는 여당이나 연립(정당)의 후보자에게 1개월 이내에 정부를 구성하도록 위임한다. 정부를 구성하지 못한 채 언급된 기간을 초과한 경우나 신임을 획득하지 못한 경우, 대통령은 제89조 규정에 따라 국민의회의 신임을 획득하기 위해 제출된 정부 구성을 담당할 가장 유능한 인사에게 이를 위임한다.
사퇴하는 정부는 새 정부가 업무를 시작할 때까지 국무회의가 선출하고 대통령이 임명한 위원의 감독 하에서 정부 업무를 지속한다.

제101조

대통령과 총리의 모든 권한에 관한 분쟁들은 양측 중 보다

(الفصل ١٠٠)

عند الشغور النهائي لمنصب رئيس الحكومة، لأي سبب عدا حالتيْ الاستقالة وسحب الثقة، يكلف رئيس الجمهورية مرشح الحزب أو الائتلاف الحاكم بتكوين حكومة خلال شهر. وعند تجاوز الأجل المذكور دون تكوين الحكومة، أو في حالة عدم الحصول على الثقة، يكلف رئيس الجمهورية الشخصية الأقدر ليتولى تكوين حكومة تتقدم لنيل ثقة مجلس نواب الشعب طبق أحكام الفصل ٨٩.

تواصل الحكومة المنتهية مهامها تصريف الأعمال تحت إشراف عضو منها يختاره مجلس الوزراء ويسميه رئيس الجمهورية إلى حين مباشرة الحكومة الجديدة مهامها.

(الفصل ١٠١)

ترفع النزاعات المتعلقة باختصاص كل من رئيس

더 열성적인 측에 의하여 제기된 요청에 따라 1주일 이내에 분쟁을 조정하는 헌법재판소로 상정된다.

الجمهورية ورئيس الحكومة إلى المحكمة الدستورية التي تبت في النزاع في أجل أسبوع بناء على طلب يرفع إليها من أحرص الطرفين.

제5편
사법부

제102조

사법부는 정의, 헌법의 최고성, 법 주권의 확립과 권리와 자유의 보호를 보장하는 독립된 기관이다. 법관은 독립적이며 법률을 제외하고 재판에서 그에게 어떠한 권력도 행사하지 못한다.

제103조

법관의 조건은 능력이다. 중립과 청렴은 그의 의무이며, 그는 의무 수행의 모든 위반에 대해서는 책임을 져야만 한다.

الباب الخامس
السلطة القضائية

(الفصل ١٠٢)

القضاء سلطة مستقلة تضمن إقامة العدل، وعلوية الدستور، وسيادة القانون، وحماية الحقوق والحريات. القاضي مستقل لا سلطان عليه في قضائه لغير القانون.

(الفصل ١٠٣)

يشترط في القاضي الكفاءة. ويجب عليه الالتزام بالحياد والنزاهة، وكلّ إخلال منه في أدائه لواجباته موجب للمساءلة.

제104조

법관은 형사상의 면책특권을 누리고, 면책특권이 상정되지 않는 한 그를 체포하거나 해임할 수 없다. 현행범인 경우에는 그를 체포하고, 그가 속해 있는 법원 위원회가 면책특권의 해제 요청을 결정하는 의견을 공지할 수 있다.

제105조

변호 업무는 정의를 확립하고 권리와 자유를 방어하는 데 있어서 참여하는 자유롭고 독립된 직업이다. 변호사는 자신의 보호를 보장하고 임무 수행을 가능케 하는 법률적 보장을 누린다.

(الفصل ١٠٤)

يتمتع القاضي بحصانة جزائية، ولا يمكن تتبعه أو إيقافه ما لم ترفع عنه، وفي حالة التلبس بجريمة يجوز إيقافه وإعلام مجلس القضاء الراجع إليه بالنظر الذي يبت في مطلب رفع الحصانة.

(الفصل ١٠٥)

المحاماة مهنة حرة مستقلة تشارك في إقامة العدل والدفاع عن الحقوق والحريات. يتمتع المحامي بالضمانات القانونية التي تكفل حمايته وتمكنه من تأدية مهامه.

제1장
사법 · 행정 · 금융 사법부

제106조

법관은 최고사법위원회의 동의에 따라 대통령령으로 임명된다.

고위 법관은 최고사법위원회의 독점적 추천과 총리와 협의하여 대통령령으로 임명한다.

고위 법관의 직책은 법률로 규정한다.

제107조

법관은 어떠한 상황들과 법률이 정하는 보장책, 최고사법위원회의 적법한 결정에 의하지 아니하고는 자신의 동의 없이 전출되지 않고 해임되지 않으며, 면직이나 해직의 징계를 받지 않는다.

القسم الأول
القضاء الي والإداري والمالي

(الفصل ١٠٦)

يسمى القضاة بأمر رئاسي بناء على رأي مطابق من المجلس الأعلى للقضاء.

يسمّى القضاة السامون بأمر رئاسي بالتشاور مع رئيس الحكومة، بناء على ترشيح حصري من المجلس الأعلى للقضاء. ويضبط القانون الوظائف القضائية السامية.

(الفصل ١٠٧)

لا ينقل القاضي دون رضاه، ولا يعزل، كما لا يمكن إيقافه عن العمل، أو إعفاؤه، أو تسليط عقوبة تأديبية عليه، إلاّ في الحالات وطبق الضمانات التي يضبطها القانون، وبموجب قرار معلّل من المجلس الأعلى

제108조

모든 개인에게는 타당한 기간에 공정한 재판을 받을 권리가 있다. 소송 당사자는 사법부 앞에 평등하다. 소송권과 방어권은 보장되며, 법을 피난처로 찾는 것을 법적으로 용이하게 하며, 경제적인 능력이 없는 이에게는 재정적으로 보장한다.

재심은 법률로 보장한다.

재판은 법률이 비밀을 필요로 하지 않는 한 공개이며, 공개 재판에서는 판결이 공표된다.

제109조

재판 과정의 모든 개입은 금지된다.

للقضاء.

(الفصل ١٠٨)
لكل شخص الحق في محاكمة عادلة في أجل معقول.
والمتقاضون متساوون أمام القضاء.
حق التقاضي وحق الدفاع مضمونان، وييسر القانون اللجوء إلى القضاء ويكفُل لغير القادرين ماليا الإعانة الية(إليه).
ويضمن القانون التقاضي على درجتين.
جلسات المحاكم علنية إلا إذا اقتضى القانون سريتها ولا يكون التصريح بالحكم إلّا في جلسة علنية.

(الفصل ١٠٩)
يحجر كل تدخل في سير القضاء.

제110조

법원의 종류는 법률로 설치한다. 공정한 재판 원칙을 침해하는 특별 법원의 설치나 특별 절차의 제정은 금지된다.

군사법원은 군범죄를 전담하는 법원이다. 군사법원이 따라야 하는 권한 · 구성 · 조직 · 절차와 기본 법관 제도는 법률로 정한다.

제111조

판결은 국민의 이름으로 공표되고, 대통령의 이름으로 집행되며, 합법적 근거 없이 집행이나 집행의 연기 거부는 금지된다.

(الفصل ١١٠)
تحدث أصناف المحاكم بقانون. ويمنع إحداث محاكم استثنائية، أو سنّ إجراءات استثنائية من شأنها المساس بمبادئ المحاكمة العادلة.
المحاكم العسكرية محاكم متخصّصة في الجرائم العسكرية. ويضبط القانون اختصاصها وتركيبتها وتنظيمها والإجراءات المتبعة أمامها والنظام الأساسي لقضاتها.

(الفصل ١١١)
تصدر الأحكام باسم الشعب وتنفذ باسم رئيس الجمهورية، ويحجر الامتناع عن تنفيذها أو تعطيل تنفيذها دون موجب قانوني.

제1절 최고사법위원회

제112조

최고사법위원회는 사법위원회, 사법행정위원회, 사법금융위원회, 3개 사법위원회 총회의 4개 조직으로 구성된다.

각 조직의 3분의 2는 판사들로 구성되며, 대부분은 선출된 이들이고 나머지는 전문성을 지니고 임명된 이들이다. 나머지 3분의 1은 판사가 아닌 독자적인 권한을 가진 자들이다. 이 조직들의 구성원 대부분은 선출된 자들이다. 선출된 구성원들은 단임 6년 동안 그들의 임무를 수행한다.

최고사법위원회는 최고 직급의 판사들 중에서 위원장을 선출한다.

4개의 조직 각각의 권한 · 구성 · 조직 · 절차는 법률로 정한다.

الفرع الأول المجلس الأعلى للسلطة القضائية

(الفصل ١١٢)

يتكوّن المجلس الأعلى للقضاء من أربعة هياكل هي مجلس القضاء العدلي، ومجلس القضاء الإداري، ومجلس القضاء المالي، والجلسة العامة للمجالس القضائية الثلاثة.

يتركب كل هيكل من هذه الهياكل في ثلثيه من قضاة أغلبهم منتخبون وبقيتهم معينون بالصفة، وفي الثلث المتبقي من غير القضاة من المستقلين من ذوي الاختصاص، على أن تكون أغلبية أعضاء هذه الهياكل من المنتخبين. ويباشر الأعضاء المنتخبون مهامهم لفترة واحدة مدتها ست سنوات.

ينتخب المجلس الأعلى للقضاء رئيسا له من بين أعضائه من القضاة الأعلى رتبة.

يضبط القانون اختصاص كل هيكل من هذه الهياكل

제113조

최고사법위원회는 행정적 · 재정적으로 독립을 누리고 자율적으로 운영하며, 예산안을 준비하고 국민의회의 전담위원회 앞에서 이를 토의한다.

제114조

최고사법위원회는 사법부의 건전한 기능과 독립 존중을 보장한다. 3개 사법위원회 총회는 개혁안을 제안하고 사법부와 관련된 제안과 법안에 대한 의견을 표명한다. 이는 반드시 사법부에 제출되어야 한다. 3개의 위원회들 각각은 판사들의 직업 경력과 징계를 결정한다.

최고사법위원회는 매년 7월 이내에 대통령, 국민의회 의장, 총리에게 송부하는 연례보고서를 준비하고, 이를 공표한다.

الأربعة، وتركيبته، وتنظيمه، والإجراءات المتبعة أمامه.

(الفصل ١١٣)
يتمتع المجلس الأعلى للقضاء بالاستقلال الإداري والمالي والتسيير الذاتي، ويعدّ مشروع ميزانيته ويناقشه أمام اللجنة المختصة بمجلس نواب الشعب.

(الفصل ١١٤)
يضمن المجلس الأعلى للقضاء حسن سير القضاء واحترام استقلاله. وتقترح الجلسة العامة للمجالس القضائية الثلاثة الإصلاحات، وتبدي الرأي في مقترحات ومشاريع القوانين المتعلقة بالقضاء التي تعرض عليها وجوبا، ويبتّ كل من المجالس الثلاثة في المسار المهني للقضاة وفي التأديب.
يعدّ المجلس الأعلى للقضاء تقريرا سنويا يحيله إلى كل من رئيس الجمهورية، ورئيس مجلس نواب الشعب،

국민의회 의장은 매년 사법 연도 초에 최고사법위원회와 총회에서 연례보고서에 관하여 토의한다.

제2절 사법 체제

제115조

사법부는 파기원[15], 항소법원, 심법원으로 구성된다.

검찰은 사법부의 일부이고, 그에 대한 보장책이 헌법에 포함되어 있다. 검사는 법률이 정한 절차에 따라 국가의 형법 정책 테두리 내에서 법률로 정해진 그의 임무를 수행한다.

파기원은 대통령, 국민의회 의장, 총리, 최고사법위원회

ورئيس الحكومة في أجل أقصاه شهر جويلية من كل سنة، ويتم نشره.
يناقش مجلس نواب الشعب التقرير السنوي في مفتتح كل سنة قضائية في جلسة عامة للحوار مع المجلس الأعلى للقضاء.

الفرع الثاني القضاء العدلي

(الفصل ١١٥)
يتكون القضاء الي من محكمة تعقيب، ومحاكم درجة ثانية، ومحاكم درجة أولى.
النيابة العمومية جزء من القضاء الي، وتشملها الضمانات المكفولة له بالدستور. ويمارس قضاة النيابة العمومية مهامهم المقررة بالقانون وفي إطار السياسة الجزائية للدولة طبق الإجراءات التي يضبطها القانون.

위원장에게 송부하는 연례보고서를 준비하고, 이를 공표한다.
사법부의 조직 · 권한 · 절차 · 판사에 관한 기본 법규는 법률로 정한다.

제3절 행정사법부

제116조

행정사법부는 최고행정법원, 상고행정법원들, 초급행정법원들로 구성된다.
행정사법부는 행정 권한의 남용과 행정 분쟁을 심리할 권한이 있고, 법률에 따라 자문 기능을 수행한다.

تعدّ محكمة التعقيب تقريرا سنويا تحيله إلى كل من رئيس الجمهورية، ورئيس مجلس نواب الشعب، ورئيس الحكومة، ورئيس المجلس الأعلى للقضاء، ويتم نشره.

يضبط القانون تنظيم القضاء الي، واختصاصاته، والإجراءات المتبعة لديه، والنظام الأساسي الخاص بقضاته.

الفرع الثالث القضاء الإداري

(الفصل ١١٦)

يتكون القضاء الإداري من محكمة إدارية عليا، ومحاكم إدارية استئنافية، ومحاكم إدارية ابتدائية.

يختص القضاء الإداري بالنظر في تجاوز الإدارة سلطتها، وفي النزاعات الإدارية، ويمارس وظيفة استشارية طبق

최고행정법원은 대통령, 국민의회 의장, 총리, 최고사법위원회 위원장에게 송부하는 연례보고서를 준비하고, 이를 공표한다.
행정사법부의 조직 · 권한 · 절차 · 사법부에 관한 기본 법규는 법률로 규정한다.

제4절 금융사법부

제117조

금융사법부는 다양한 위원회들을 가진 회계 · 감사 법원으로 구성된다.
회계 · 감사 법원은 합법성 · 효율성 · 투명성의 원칙에 따

القانون.
تعدّ المحكمة الإدارية العليا تقريرا سنويا تحيله إلى كل من رئيس الجمهورية، ورئيس مجلس نواب الشعب، ورئيس الحكومة، ورئيس المجلس الأعلى للقضاء، ويتم نشره.
يضبط القانون تنظيم القضاء الإداري، واختصاصاته، والإجراءات المتبعة لديه، والنظام الأساسي الخاص بقضاته.

الفرع الرابع القضاء المالي

(الفصل ١١٧)
يتكون القضاء المالي من محكمة المحاسبات بمختلف هيئاتها.
تختصّ محكمة المحاسبات بمراقبة حسن التصرّف في

라 공공 재산의 선용을 관리 감독하고, 공공 회계사들의 회계를 판결하며, 회계 방식을 평가하고, 회계 관련 실수를 제재하며, 금융법 집행과 예산 마감을 감시할 수 있도록 사법권과 행정권을 돕는다.

회계 · 감사 법원은 대통령, 국민의회 의장, 총리, 최고사법위원회 위원장 각각에게 송부하는 연례보고서를 준비하고, 이를 공표한다. 또한 회계 · 감사 법원은 필요한 경우 공표가 가능한 특별 보고서를 준비한다.

회계 · 감사 법원의 조직 · 권한 · 절차 · 판사에 관한 기본 규정은 법률로 정한다.

المال العام، وفقا لمبادئ الشرعية والنجاعة والشفافية، وتقضي في حسابات المحاسبين العموميين، وتقيّم طرق التصرف وتزجر الأخطاء المتعلقة به، وتساعد السلطة التشريعية والسلطة التنفيذية على رقابة تنفيذ قوانين المالية وغلق الميزانية.

تعدّ محكمة المحاسبات تقريرا سنويا عاما تحيله إلى كل من رئيس الجمهورية، ورئيس مجلس نواب الشعب، ورئيس الحكومة، ورئيس المجلس الأعلى للقضاء، ويتم نشره. كما تعد محكمة المحاسبات عند الاقتضاء تقارير خصوصية يمكن نشرها.

يضبط القانون تنظيم محكمة المحاسبات، واختصاصاتها، والإجراءات المتبعة لديها، والنظام الأساسي الخاص بقضاتها.

제2장

헌법재판소

제118조

헌법재판소는 12명의 유능한 위원들로 구성된 독립 사법기관이며, 그들 중 4분의 3은 20년 이상의 경력을 가진 전문가들이다.

대통령, 국민의회, 최고사법위원회 각각이 4명씩 임명하며, 그들 중 4분의 3은 법률 전문가여야 한다. 임기는 단임 9년이다.

헌법재판소 위원 3분의 1은 3년마다 갱신되고, 재판소 구성에서 발생하는 공석은 임명 기관과 권한을 고려하여 재판소 구성 시에 따랐던 방식으로 충원된다.

재판소 위원들은 법률 전문가들인 그들 중에서 위원장과 부위원장을 선출한다.

القسم الثاني
المحكمة الدستورية

(الفصل ١١٨)
المحكمة الدستورية هيئة قضائية مستقلة تتركّب من اثني عشر عضوا من ذوي الكفاءة، ثلاثة أرباعهم من المختصين في القانون الذين لا تقل خبرتهم عن عشرين سنة.
يعيّن كل من رئيس الجمهورية، ومجلس نواب الشعب، والمجلس الأعلى للقضاء، أربعة أعضاء، على أن يكون ثلاثة أرباعهم من المختصين في القانون. ويكون التعيين لفترة واحدة مدتها تسع سنوات.
يجدّد ثلث أعضاء المحكمة الدستورية كلّ ثلاث سنوات، ويُسدّ الشغور الحاصل في تركيبة المحكمة بالطريقة المعتمدة عند تكوينها مع مراعاة جهة التعيين والاختصاص.

제119조

헌법재판소 위원직과 어떠한 직업이나 다른 직무 간의 겸직은 금지된다.

제120조

헌법재판소는 자신 외에 다음의 합헌성 감시에 전념한다

- 의회가 법안에 대해 승인한 날로부터 또는 대통령으로부터 환부된 이후 개정된 형태로 법안이 승인된 날로부터 최대 7일 이내에 대통령, 총리, 30명의 국민의회 의원의 요청에 의해 상정된 법안
- 제144조에서 결정된 것이나 헌법 개정 절차의 존중 여부를 감시하기 위한 결정에 따라 국민의회 의장이 제출한 헌법적 법안

ينتخب أعضاء المحكمة من بينهم رئيسا ونائبا له من المختصين في القانون.

(الفصل ١١٩)
يحجّر الجمع بين عضوية المحكمة الدستورية ومباشرة أي وظائف أو مهام أخرى.

(الفصل ١٢٠)
تختص المحكمة الدستورية دون سواها بمراقبة دستورية:
- مشاريع القوانين بناء على طلب من رئيس الجمهورية أو رئيس الحكومة أو ثلاثين عضوا من أعضاء مجلس نواب الشعب يُرفع إليها في أجل أقصاه سبعة أيام من تاريخ مصادقة المجلس على مشروع القانون أو من تاريخ مصادقته على مشروع قانون في صيغة معدّلة بعد أن تمّ ردّه من قبل رئيس الجمهورية،
- مشاريع القوانين الدستورية التي يعرضها عليها

- 법안이 승인되기 전에 대통령이 제출한 조약

- 법률이 정하는 절차에 따라 어떤 당사자의 비합헌성이라는 요청의 소송으로 법원에 의하여 송부된 법률들

- 의회 의장이 제출한 국민의회 내부 법규

그 외 헌법에 명시된 다른 임무들을 담당한다.

제121조

재판소는 비합헌성에 대한 이의신청 날로부터 45일 이내에 의원 절대 과반수로 결의를 공표한다.

재판소의 결의는 이의신청의 주제가 합헌적인 규정인지 비

رئيس مجلس نواب الشعب حسبما هو مقرر بالفصل ١٤٤ أو لمراقبة احترام إجراءات تعديل الدستور،
- المعاهدات التي يعرضها عليها رئيس الجمهورية قبل ختم مشروع قانون الموافقة عليها،
- القوانين التي تحيلها عليها المحاكم تبعا للدفع بعدم الدستورية بطلب من أحد الخصوم في الحالات وطبق الإجراءات التي يقرها القانون،
- النظام الداخلي لمجلس نواب الشعب الذي يعرضه عليها رئيس المجلس.
كما تتولى المهام الأخرى المسندة إليها بمقتضى الدستور.

(الفصل ١٢١)
تصدر المحكمة قرارها في أجل خمسة وأربعين يوما من تاريخ الطعن بعدم الدستورية وبالأغلبية المطلقة لأعضائها.

헌법적인 규정인지를 명시한다. 그 결의는 적법하고 모든 당국에게 의무가 되며, 튀니지 공화국의 관보에 공표된다. 재판소의 결의가 공표되지 않고 제1항에서 결의된 기간이 경과한 경우, 즉시 그 법안을 대통령에게 의무적으로 송부해야만 한다.

제122조

비헌법적 법안은 헌법재판소의 결의에 따라 두 번째 토의를 위해 대통령에게, 대통령으로부터 국민의회로 송부된다. 대통령은 서명을 하기 전에 그것의 합헌성을 검토하기 위해 헌법재판소로 이를 다시 제출한다.

환부 직후 국민의회가 개정된 형태로 법안을 승인한 경우는, 재판소가 법안의 합헌성을 이미 결정하였거나 그 사안에 대한 결의를 공표하지 않은 채 기간 만료 후에 대통령

ينصّ قرار المحكمة على أن الأحكام موضوع الطعن دستورية أو غير دستورية. ويكون قرارها معلّلا وملزما لجميع السلطات، وينشر بالرائد الرسمي للجمهورية التونسية.

في صورة انقضاء الأجل المقرر بالفقرة الأولى دون إصدار المحكمة لقرارها، تكون ملزمة بإحالة المشروع فورا إلى رئيس الجمهورية.

(الفصل ١٢٢)

يُحال مشروع القانون غير الدستوري إلى رئيس الجمهورية ومنه إلى مجلس نواب الشعب للتداول فيه ثانية طبقا لقرار المحكمة الدستورية. وعلى رئيس الجمهورية قبل ختمه إرجاعه إلى المحكمة الدستورية للنظر في دستوريته.

في صورة مصادقة مجلس نواب الشعب على مشروع قانون في صيغة معدّلة إثر ردّه، وسبق للمحكمة

에게 이를 송부한 경우이다. 왜냐하면 대통령은 서명을 하기 전에 헌법재판소에 이를 의무적으로 송부해야만 하기 때문이다.

제123조

헌법재판소가 비헌법적 법률을 해결해야만 할 경우, 헌법재판소의 견해는 기존의 기피들을 검토하는데 제한되어야만 한다. 또한 동일한 기간에 1번 연장이 가능한 3개월 이내에 결정하면 적법한 결의가 된다.

헌법재판소가 비헌법적이라고 판결하면 법률의 효력은 판결된 한도 내에서 중단된다.

제124조

헌법재판소의 조직 · 절차 · 위원들이 누리는 보장책은 법률로 정한다.

أن أقرت دستوريته أو أحالته إلى رئيس الجمهورية لانقضاء الآجال دون إصدار قرار في شأنه، فإن رئيس الجمهورية يحيله وجوبا قبل الختم إلى المحكمة الدستورية.

(الفصل ١٢٣)

عند تعهد المحكمة الدستورية تبعا لدفع بعدم دستورية قانون، فإن نظرها يقتصر على المطاعن التي تمت إثارتها، وتبتّ فيها خلال ثلاثة أشهر قابلة للتمديد لنفس المدة مرة واحدة، ويكون ذلك بقرار معلّل.
إذا قضت المحكمة الدستورية بعدم الدستورية فإنّه يتوّقف العمل بالقانون في حدود ما قضت به.

(الفصل ١٢٤)

يضبط القانون تنظيم المحكمة الدستورية والإجراءات المتبعة لديها والضمانات التي يتمتع بها أعضاؤها.

제6편
독립 헌법 기구들

제125조

독립 헌법 기구들은 민주주의를 지지하기 위해 노력한다. 국가의 모든 기관들은 그들의 업무를 용이하도록 해야 한다. 이 기구들은 합법적 실체로서 행정적 · 재정적 독립을 누리고, 국민의회의 자격자의 과반수로 선출되며, 각 기구의 목표 전담 사무국에서 토의하는 연례보고서를 제출한다.

이 기구들의 조직 · 대표 선출 · 선거 방식 · 조직 · 책임 보장 방식은 법률로 규정한다.

الباب السادس
الهيئات الدستورية

(الفصل ١٢٥)

تعمل الهيئات الدستورية المستقلة على دعم الديمقراطية.

وعلى كافة مؤسسات الدولة تيسير عملها.

تتمتع هذه الهيئات بالشخصية القانونية والاستقلالية الإدارية والمالية، وتنتخب من قبل مجلس نواب الشعب بأغلبية معززة، وترفع إليه تقريرا سنويا يناقش بالنسبة إلى كل هيئة في جلسة عامة مخصصة للغرض.

يضبط القانون تركيبة هذه الهيئات والتمثيل فيها وطرق انتخابها وتنظيمها وسبل مساءلتها.

제1장

선거위원회

제126조

“선거최고독립위원회”라고 명명된 선거위원회는 선거 행정, 국민투표, 선거 조직, 모든 단계의 감독을 담당하고, 선거의 지속성 · 청렴성 · 투명성의 안전을 보장하며, 결과를 공표한다.

위원회는 권한 내에서 규제권을 가진다.

위원회는 능력과 청렴함을 갖춘 독립적이고 중립적인 9명의 위원들로 구성되고, 단임 6년 기간 동안 임무를 수행하며, 3분의 1의 위원들은 2년마다 갱신된다.

القسم الأول
هيئة الانتخابات

(الفصل ١٢٦)

تتولى هيئة الانتخابات، وتسمى "الهيئة العليا المستقلة للانتخابات"، إدارة الانتخابات والاستفتاءات وتنظيمها، والإشراف عليها في جميع مراحلها، وتضمن سلامة المسار الانتخابي ونزاهته وشفافيّته، وتصرّح بالنتائج.

تتمتع الهيئة بالسلطة الترتيبية في مجال اختصاصها.

تتركب الهيئة من تسعة أعضاء مستقلين محايدين من ذوي الكفاءة والنزاهة، يباشرون مهامهم لفترة واحدة، مدّتها ستّ سنوات، ويجدّد ثلث أعضائها كل سنتين.

제2장

시청각통신위원회

제127조

시청각통신위원회는 시청각 통신 분야의 개정과 발전을 담당하고, 표현과 홍보의 자유 보장을 위해 노력하며, 진솔하게 기능하는 복수의 미디어 기관 설립의 보장을 위해 노력한다.

위원회는 권한 내에서 규제권을 가지고, 이 분야와 관련된 법안들을 의무적으로 자문한다.

위원회는 능력과 청렴함을 갖춘 독립적이고 공평한 9명의 위원들로 구성되고, 단임 6년 기간 동안 임무를 수행하며, 3분의 1의 위원들은 2년마다 갱신된다.

القسم الثاني
هيئة الاتصال السمعي البصري

(الفصل ١٢٧)
تتولى هيئة الاتصال السمعي البصري تعديل قطاع الاتصال السمعي البصري، وتطويره، وتسهر على ضمان حرية التعبير والإعلام، وعلى ضمان إعلام تعددي نزيه.

تتمتع الهيئة بسلطة ترتيبية في مجال اختصاصها وتستشار وجوبا في مشاريع القوانين المتصلة بهذا المجال.

تتكون الهيئة من تسعة أعضاء مستقلين محايدين من ذوي الكفاءة والنزاهة، يباشرون مهامهم لفترة واحدة، مدتها ست سنوات، ويجدّد ثلث أعضائها كل سنتين.

제3장

인권위원회

제128조

인권위원회는 인간의 자유와 권리의 존중 여부를 감독하고, 이의 강화를 위해 노력하며, 인권 제도의 발전을 위해 필요하다고 간주되는 것을 제안하고, 권한 내의 법안을 의무적으로 자문한다. 위원회는 인권 침해 상황을 조사하고 자격이 있는 기관들에게 이를 조정하도록 한다.

위원회는 능력과 청렴함을 갖춘 독립적이고 중립적인 9명의 위원들로 구성되고, 단임 6년 기간 동안 임무를 수행한다.

القسم الثالث
هيئة حقوق الإنسان

(الفصل ١٢٨)

تراقب هيئة حقوق الإنسان احترام الحريات وحقوق الإنسان، وتعمل على تعزيزها، وتقترح ما تراه لتطوير منظومة حقوق الإنسان، وتستشار وجوبا في مشاريع القوانين المتصلة بمجال اختصاصها.

تحقق الهيئة في حالات انتهاك حقوق الإنسان لتسويتها أو إحالتها على الجهات المعنية.

تتكون الهيئة من أعضاء مستقلين محايدين من ذوي الكفاءة والنزاهة، يباشرون مهامهم لفترة واحدة مدتها ستّ سنوات.

제4장

지속성장 · 후속세대권리위원회

제129조

지속성장 · 후속세대권리위원회는 경제 · 사회 · 환경 문제와 관련된 법안들과 성장 계획을 의무적으로 자문한다. 위원회는 권한 내의 문제들에 대한 견해를 표명한다.

위원회는 능력과 청렴함을 갖춘 독립적이고 중립적인 9명의 위원들로 구성되고, 단임 6년 기간 동안 임무를 수행한다.

القسم الرابع
هيئة التنمية المستدامة وحقوق الأجيال القادمة

(الفصل ١٢٩)

تستشار هيئة التنمية المستدامة وحقوق الأجيال القادمة وجوبا في مشاريع القوانين المتعلقة بالمسائل الاقتصادية والاجتماعية والبيئية وفي مخططات التنمية. وللهيئة أن تبدي رأيها في المسائل المتصلة بمجال اختصاصها.

تتكون الهيئة من أعضاء من ذوي الكفاءة والنزاهة يباشرون مهامهم لفترة واحدة مدتها ستّ سنوات.

제5장

공정관리 · 부패퇴치위원회

제130조

공정관리 · 부패퇴치위원회는 올바른 관리 정책, 부패 방지와 퇴치, 그러한 정책의 지속적인 수행과 문화 홍보에 동참하고, 투명 · 청렴 · 책임의 원칙을 강화한다.

위원회는 공적이고 사적인 부문에서 부패 상태의 감시, 조사, 실증을 담당하며, 자격이 있는 기관들에게 이를 양도한다.

위원회는 권한 내의 법안을 의무적으로 자문한다.

위원회는 권한 내의 일반 규제 문서에 대한 견해를 표명한다.

القسم الخامس
هيئة الحوكمة الرشيدة ومكافحة الفساد

(الفصل ١٣٠)

تسهم هيئة الحوكمة الرشيدة ومكافحة الفساد في سياسات الحوكمة الرشيدة ومنع الفساد ومكافحته ومتابعة تنفيذها ونشر ثقافتها، وتعزّز مبادئ الشفافية والنزاهة والمساءلة.

تتولى الهيئة رصد حالات الفساد في القطاعين العام والخاص، والتقصّي فيها، والتحقق منها، وإحالتها على الجهات المعنية.

تستشار الهيئة وجوبا في مشاريع القوانين المتصلة بمجال اختصاصها.

للهيئة أن تبدي رأيها في النصوص الترتيبية العامة المتصلة بمجال اختصاصها.

위원회는 능력과 청렴함을 갖춘 독립적이고 중립적인 9명의 위원들로 구성되고, 단임 6년 기간 동안 임무를 수행하며, 3분의 1의 위원들은 2년마다 갱신된다.

تتكون الهيئة من أعضاء مستقلين محايدين من ذوي الكفاءة والنزاهة، يباشرون مهامهم لفترة واحدة، مدّتها ستّ سنوات، ويجدّد ثلث أعضائها كل سنتين.

제7편
지방정부

제131조

지방정부는 지방 분권을 기초로 한다.[16]

지방 분권은 지방 단체들을 통해 구체화되고, 지방자치단체, 당국, 자치구로 구성되며, 법률이 규정한 분할에 따라 공화국의 전 영토를 포함한다.

특정한 종류의 지방 단체들은 법률로 설립할 수 있다.

제132조

지방 단체들은 합법적 실체로서 행정적 · 재정적 독립을 누리고, 자치 운영 원칙에 따라 지역 이익을 관리한다.

الباب السابع
السلطة المحلية

(الفصل ١٣١)

تقوم السلطة المحلية على أساس اللامركزية.

تتجسد اللامركزية في جماعات محلية، تتكون من بلديات وجهات وأقاليم، يغطي كل صنف منها كامل تراب الجمهورية وفق تقسيم يضبطه القانون.

يمكن أن تحدث بقانون أصناف خصوصية من الجماعات المحلية.

(الفصل ١٣٢)

تتمتع الجماعات المحلية بالشخصية القانونية، وبالاستقلالية الإدارية والمالية، وتدير المصالح المحلية وفقا لمبدإ التدبير الحر.

제133조

선출된 위원회들이 지방 단체들을 관리한다.

지방자치단체와 당국 위원회들은 보통 · 자유 · 직접 · 비밀 · 공정 · 투명 선거로 선출된다.

지방자치단체의 위원회들은 지방자치단체의 당국 위원회 위원들 중에서 선출된다.

선거법은 지방자치단체 위원회에서 젊은이들의 대표성을 보장한다.

제134조

지방 단체들은 자체 권한과 중앙 정부와의 공동 권한, 중앙 정부로부터 이양된 권한을 행사한다.

공동 권한과 이양된 권한은 보완성의 원리에 따라 분배된다.

지방 단체들은 권한 행사 내에서 규제 권한을 누리며, 규제 결의는 지방 단체의 관보에 공표된다.

(الفصل ١٣٣)

تدير الجماعات المحلية مجالسُ منتخبة.

تنتخب المجالس البلدية والجهوية انتخابا عاما، حرا، مباشرا، سريا، نزيها، وشفافا.

تنتخب مجالس الأقاليم من قبل أعضاء المجالس البلدية والجهوية.

يضمن القانون الانتخابي تمثيلية الشباب في مجالس الجماعات المحلية.

(الفصل ١٣٤)

تتمتع الجماعات المحلية بصلاحيات ذاتية وصلاحيات مشتركة مع السلطة المركزية وصلاحيات منقولة منها.

توزع الصلاحيات المشتركة والصلاحيات المنقولة استنادا إلى مبدأ التفريع.

تتمتع الجماعات المحلية بسلطة ترتيبية في مجال ممارسة صلاحياتها، وتُنشر قراراتها الترتيبية في جريدة رسمية

제135조

지방 단체들에게는 자체 자산과 중앙정부로부터 제공받은 자산이 있고, 이 자산들은 법률로 명시된 권한들을 위하여 할당된 것이다.

중앙정부로부터 지방 단체들로의 권한 창출과 이양은 모두 자산과 조화를 이루어 이루어진다.

지방 단체들의 금융 체계는 법률로 규정한다.

제136조

중앙정부는 보장 원칙을 준수하고, 균등과 개정 방식에 따라 지방 단체들에게 추가 자산의 제공을 책임진다.

중앙정부는 지방의 수입과 지출이 균형을 이루도록 노력

للجماعات المحلية.

(الفصل ١٣٥)
للجماعات المحلية موارد ذاتية، وموارد محالة إليها من السلطة المركزية، وتكون هذه الموارد ملائمة للصلاحيات المسندة إليها قانونا.
كل إحداث لصلاحيات أو نقل لها من السلطة المركزية إلى الجماعات المحلية، يكون مقترنا بما يناسبه من موارد.
يتم تحديد النظام المالي للجماعات المحلية بمقتضى القانون.

(الفصل ١٣٦)
تتكفل السلطة المركزية بتوفير موارد إضافية للجماعات المحلية تكريسا لمبدأ التضامن وباعتماد آلية التسوية والتعديل.

한다.

천연자원의 이용으로부터 오는 수입들 중 일정 비율은 지역 발전을 국가 수준으로 부흥시키기 위해 분배할 수 있다.

제137조

지방 단체들은 승인된 예산의 테두리 내에서 올바른 관리 원칙과 사법부의 금융 감독 하에 자산을 자유롭게 운용할 수 있다.

제138조

지방 단체들은 업무의 합법성과 관련하여 사후 감사를 받는다.

تعمل السلطة المركزية على بلوغ التكافؤ بين الموارد والأعباء المحلية.
يمكن تخصيص نسبة من المداخيل المتأتية من استغلال الثروات الطبيعية للنهوض بالتنمية الجهوية على المستوى الوطني.

(الفصل ١٣٧)
للجماعات المحلية في إطار الميزانية المصادق عليها حرية التصرف في مواردها حسب قواعد الحوكمة الرشيدة وتحت رقابة القضاء المالي.

(الفصل ١٣٨)
تخضع الجماعات المحلية فيما يتعلق بشرعية أعمالها للرقابة اللاحقة.

제139조

지방 단체들은 법률이 규정한 바에 따라 성장과 토지의 이용 계획 준비, 지속적인 실행에 있어 시민들과 시민 사회의 보다 폭넓은 참여를 보장하기 위해 참여 민주주의 방식, 개방 관리 원칙을 채택한다.

제140조

지방 단체들은 공익성 계획을 집행하거나 그러한 업무를 수행하는 동반자와 협력하거나 회사를 설립할 수 있다.

지방 단체들은 동반자의 외부 관계들과 연결하거나 분권화된 협력을 할 수 있다.

협력과 동반자 원칙은 법률로 정한다.

제141조

지방 단체들의 최고 의회는 지방 단체 의회들의 대표 기구

(الفصل ١٣٩)

تعتمد الجماعات المحلية آليات الديمقراطية التشاركية، ومبادئ الحوكمة المفتوحة، لضمان إسهام أوسع للمواطنين والمجتمع المدني في إعداد برامج التنمية والتهيئة الترابية ومتابعة تنفيذها طبقا لما يضبطه القانون.

(الفصل ١٤٠)

يمكن للجماعات المحلية أن تتعاون وأن تنشئ شراكات فيما بينها لتنفيذ برامج أو إنجاز أعمال ذات مصلحة مشتركة.

كما يمكن للجماعات المحلية ربط علاقات خارجية للشراكة والتعاون اللامركزي.

يضبط القانون قواعد التعاون والشراكة.

(الفصل ١٤١)

المجلس الأعلى للجماعات المحلية هيكل تمثيلي لمجالس

이며 그 본부는 수도 외부에 둔다.

지방 단체들의 최고 의회는 지역 간의 성장, 균형과 관련된 문제를 심의하고, 계획과 예산 및 지방 재원과 관련된 법률안에 대한 의견을 표명하며, 의장은 국민의회의 토의에 참석할 수 있다.

지방 단체들의 최고 의회 구성과 임무는 법률로 정한다.

제142조

행정법원은 지방 단체들 간이나 중앙정부와 지방 단체들 간에 발생하는 권한 분쟁과 관련된 모든 분쟁을 결정한다.

الجماعات المحلية مقره خارج العاصمة.
ينظر المجلس الأعلى للجماعات المحلية في المسائل المتعلقة بالتنمية والتوازن بين الجهات، ويبدي الرأي في مشاريع القوانين المتعلقة بالتخطيط والميزانية والمالية المحلية، ويمكن دعوة رئيسه لحضور مداولات مجلس نواب الشعب.
تُضبط تركيبة المجلس الأعلى للجماعات المحلية ومهامه بقانون.

(الفصل ١٤٢)
يبت القضاء الإداري في جميع النزاعات المتعلقة بتنازع الاختصاص التي تنشأ فيما بين الجماعات المحلية، وبين السلطة المركزية والجماعات المحلية.

제8편
헌법 개정

제143조

헌법 개정 제안의 권리는 대통령이나 국민의회 의원 3분의 1에게 있으며, 대통령이 제안한 헌법개정안은 심사우선권을 가진다.

제144조

헌법 개정을 위한 모든 착수는 개정이 이 헌법이 결의한 바에 따라 불허용 여부와 관련되지는 않는지에 대한 의견 표명을 위해 국민의회 의장으로부터 헌법재판소로 제출된다.

국민의회는 절대 과반수로 개정 원칙에 동의하기 위해 개정 착수를 검토한다.

الباب الثامن
تعديل الدستور

(الفصل ١٤٣)

لرئيس الجمهورية أو لثلث أعضاء مجلس نواب الشعب حقّ المبادرة باقتراح تعديل الدستور، ولمبادرة رئيس الجمهورية أولوية النظر.

(الفصل ١٤٤)

كلّ مبادرة لتعديل الدستور تُعرض من قبل رئيس مجلس نواب الشعب على المحكمة الدستورية لإبداء الرأي في كونها لا تتعلق بما لا يجوز تعديله حسبما هو مقرر بهذا الدستور.

ينظر مجلس نواب الشعب في مبادرة التعديل للموافقة بالأغلبية المطلقة على مبدأ التعديل.

헌법 개정은 국민의회 의원 3분의 2의 동의로 이루어진다. 대통령은 의원 3분의 2의 동의 이후에 개정을 국민투표에 상정하고, 이 상황에서 승인은 투표자 과반수로 이루어진다.

يتم تعديل الدستور بموافقة ثلثي أعضاء مجلس نواب الشعب. ويمكن لرئيس الجمهورية بعد موافقة ثلثي أعضاء المجلس أن يعرض التعديل على الاستفتاء، ويتم قبوله في هذه الحالة بأغلبية المقترعين.

제9편
최종 규정

제145조

이 헌법의 서문은 분할할 수 없는 부분이다.

제146조

헌법 규정들은 이해되고, 하나의 조화로운 단위처럼 서로 서로를 설명한다.

제147조

제헌 법률 제3조 규정에 따라 2011년 12월 16일자의 2011-6호와 공적 권한에 대한 임시 규정과 관련된 것을 비준한 헌법에 대한 승인 이후, 국가제헌의회가 최대 1 주일 이내에 특별 총회를 개최하고 대통령, 국가제헌의회 의장,

الباب التاسع
الأحكام الختامية

(الفصل ١٤٥)
توطئة هذا الدستور جزء لا يتجزّأ منه.

(الفصل ١٤٦)
تُفسَّر أحكام الدستور ويؤوّل بعضها البعض كوحدة منسجمة.

(الفصل ١٤٧)
بعد المصادقة على الدستور برمته وفق أحكام الفصل الثالث من القانون التأسيسي عدد ٦ لسنة ٢٠١١ المؤرخ في ١٦ ديسمبر ٢٠١١ والمتعلق بالتنظيم المؤقت للسلط العمومية، يعقد المجلس الوطني التأسيسي في

총리에 의하여 헌법 서명이 이루어진다. 국가제헌의회 의장이 튀니지 공화국의 관보 특별호에 공표를 허용한다. 이 헌법은 공표 즉시 효력을 발휘한다. 국가제헌의회 의장이 미리 공표일을 공지한다.

أجل أقصاه أسبوع جلسة عامة خارقة للعادة يتم فيها ختم الدستور من قبل رئيس الجمهورية ورئيس المجلس الوطني التأسيسي ورئيس الحكومة. ويأذن رئيس المجلس الوطني التأسيسي بنشره في عدد خاص من الرائد الرسمي للجمهورية التونسية. ويدخل الدستور حيز النفاذ فور نشره. ويعلن رئيس المجلس الوطني التأسيسي عن تاريخ النشر مسبقا.

제10편
과도 규정

제148조

1. 공적 권한에 대한 임시 규정 중 제5조, 제6조, 제8조, 제15조, 제16조 규정의 효력은 국민의회 선거까지 지속된다. 공적 권한에 대한 임시 규정 중 제4조 규정의 효력은 국민의회 선거까지 지속된다. 그러나 헌법에 포함된 초기부터 효력을 갖지만, 국가제헌의회가 승인했던 모든 법률로부터 나온 선거 절차, 과도적 사법 체제 혹은 기구와 관련이 있는 경우를 제외하고는 의원들이 제시한 어떠한 법안도 수락되지 않는다.
공적 권한에 대한 임시 규정 중 제7조, 제9조부터 제14조, 제26조 규정들의 효력은 제74조 규정과 헌법 그 이후의 것에 따라 대통령 선거까지 지속된다.

الباب العاشر
الأحكام الإنتقالية

(الفصل ١٤٨)

١- يتواصل العمل بأحكام الفصول ٥ و٦ و٨ و١٥ و١٦ من التنظيم المؤقت للسلط العمومية إلى حين انتخاب مجلس نواب الشعب.

يتواصل العمل بأحكام الفصل ٤ من التنظيم المؤقت للسلط العمومية إلى حين انتخاب مجلس نواب الشعب، غير أنه بداية من دخول الدستور حيز النفاذ، لا يقبل أي مقترح قانون يقدم من النواب إلا إذا كان متعلقا بالمسار الانتخابي أو منظومة العدالة الانتقالية أو الهيئات المنبثقة عن كل القوانين التي صادق عليها المجلس الوطني التأسيسي.

ويتواصل العمل بأحكام الفصول ٧ و٩ إلى ١٤

공적 권한에 대한 임시 규정 중 제17조부터 제20조까지 규정들의 효력은 첫 번째 정부가 국민의회의 신임을 획득할 때까지 지속된다.

국가제헌의회는 공적 권한에 대한 임시 규정이나 국민의회 선거 때까지 유효한 현행 법률과 관련된 제헌 법률로 결의한 입법 권한, 감독 권한, 선출 권한을 지속적으로 행사한다.

2. 언급된 다음 규정들은 다음과 같이 효력을 갖는다.

제53조, 제54조, 제55조를 제외하고 입법 권한과 관련된 제3장의 규정과 정부와 관련된 제4장의 두 번째 부분은 첫 번째 의회 선거의 최종 결과를 공지한 날부터 시작되어 효력을 갖는다.

والفصل ٢٦ من التنظيم المؤقت للسلط العمومية إلى حين انتخاب رئيس الجمهورية وفق أحكام الفصل ٧٤ وما بعده من الدستور.

ويتواصل العمل بأحكام الفصول ١٧ إلى ٢٠ من التنظيم المؤقت للسلط العمومية إلى حين نيل أول حكومة ثقة مجلس نواب الشعب.

يواصل المجلس الوطني التأسيسي القيام بصلاحياته التشريعية والرقابية والانتخابية المقررة بالقانون التأسيسي المتعلق بالتنظيم المؤقت للسلط العمومية أو بالقوانين السارية المفعول إلى حين انتخاب مجلس نواب الشعب.

٢- تدخل الأحكام الآتي ذكرها حيز النفاذ على النحو التالي:

تدخل أحكام الباب الثالث المتعلق بالسلطة التشريعية باستثناء الفصول ٥٣ و٥٤ و٥٥، والقسم الثاني من الباب الرابع المتعلق بالحكومة حيز النفاذ بداية من يوم

제74조와 제75조를 제외하고 대통령과 관련된 제4장의 첫 번째 부분 규정들은 첫 번째 직접 대통령 선거 최종 결과를 공지한 날로부터 효력을 갖는다. 제74조와 제75조는 대통령이 직접 선출되지 않는 경우 효력을 갖지 않는다.

제108조부터 제111조까지를 제외하고 사법사법부, 행정사법부, 금융사법부와 관련된 제5장의 첫 번째 부분 규정은 최고사법위원회의 구성이 완료될 때 효력을 갖는다.

제118조를 제외하고 헌법재판소와 관련된 제5장의 두 번째 부분 규정은 헌법재판소를 구성하는 첫 번째 위원들의 임명이 완료될 때 효력을 갖는다.

헌법 위원회들과 관련된 제6장 규정은 국민의회 선거 이후에 효력을 갖는다.

지방정부와 관련된 제7장 규정은 언급된 법률이 포함되어 효력을 가질 때 효력을 갖는다.

الإعلان عن النتائج النهائية لأول انتخابات تشريعية.
تدخل أحكام القسم الأول من الباب الرابع المتعلق برئيس الجمهورية باستثناء الفصلين ٧٤ و٧٥ حيز النفاذ بداية من يوم الإعلان عن النتائج النهائية لأول انتخابات رئاسية مباشرة. ولا يدخل الفصلان ٧٤ و٧٥ حيز النفاذ إلا بخصوص رئيس الجمهورية الذي سينتخب انتخابا مباشرا.
تدخل أحكام القسم الأول من الباب الخامس المخصص للقضاء العدلي والإداري والمالي باستثناء الفصول من ١٠٨ إلى ١١١ حيز النفاذ عند استكمال تركيبة المجلس الأعلى للقضاء.
تدخل أحكام القسم الثاني من الباب الخامس المتعلق بالمحكمة الدستورية باستثناء الفصل ١١٨ حيز النفاذ عند استكمال تعيين أعضاء أول تركيبة للمحكمة الدستورية.
تدخل أحكام الباب السادس المتعلق بالهيئات الدستورية

3. 대통령 선거와 의회 선거는 선거 최고 독립 기구가 창립 완료 된 후 4개월을 시작하는 기간 이내에 시행되어야 하며, 어떤 경우에도 2014년 말을 초과하지 않도록 한다.

4. 첫 번째 직접 대통령 선거의 추천은 국민의회 의원들에게 규정된 수에 의거한 국가제헌의회 의원들의 수나 또는 선거법에 규정된 바에 따라 등록된 유권자의 수로 이루어진다.

5. 의회 선거일로부터 최대 6개월 이내에 최고사법위원회는 창립되고, 이 선거들로부터 최대 1년 이내에 헌법재판소가 창립된다.

6. 헌법재판소, 선거위원회, 시청각통신위원회, 공정관

حيز النفاذ بعد انتخاب مجلس نواب الشعب.
تدخل أحكام الباب السابع المتعلق بالسلطة المحلية حيز النفاذ حين دخول القوانين المذكورة فيه حيز النفاذ.

٣- تُجرى الانتخابات الرئاسية والتشريعية في مدة بدايتها أربعة أشهر من استكمال إرساء الهيئة العليا المستقلة للانتخابات دون أن تتجاوز في كل الحالات موفى سنة ٢٠١٤.

٤- تتم التزكية في أول انتخابات رئاسية مباشرة من عدد من أعضاء المجلس الوطني التأسيسي وفق العدد الذي يضبط لأعضاء مجلس نواب الشعب أو من عدد من الناخبين المرسمين، وكل ذلك حسبما يضبطه القانون الانتخابي.

٥- يتم في أجل أقصاه ستة أشهر من تاريخ الانتخابات التشريعية إرساء المجلس الأعلى للقضاء، وفي أجل أقصاه سنة من هذه الانتخابات إرساء المحكمة الدستورية.

٦- يراعى في التجديد الجزئي بالنسبة إلى كل من

리·부패방지위원회에 관한 부분 갱신은 첫 번째와 두 번째는 첫 번째 구성 위원들 간의 제비뽑기로 이루어지고, 의장은 제비뽑기에서 제외된다.

7. 국가제헌의회는 헌법에 서명이 이루어진 3개월 이내에 법안들의 헌법적 감시를 전담하는 임시 기구를 기초 법률로 창설한다. 이 기구의 구성은 다음과 같다.

- 파기원의 제1의장은 위원장으로
- 행정법원의 제1의장은 위원으로
- 회계·감사 법원의 제1의장은 위원으로

법률 권한을 가진 3명의 위원들은 국가제헌의회, 대통령, 총리가 각각 1명씩 임명한다.

나머지 법원들에게는 법률의 헌법성 감시가 허용되지 않는다.

위원회의 임무는 헌법재판소의 창립으로 종료된다.

المحكمة الدستورية وهيئة الانتخابات وهيئة الاتصال السمعي البصري وهيئة الحوكمة الرشيدة ومكافحة الفساد أن يكون في المرة الأولى والثانية بالقرعة من بين أعضاء أول تركيبة ويستثنى الرئيس من القرعة.

٧- يحدث المجلس الوطني التأسيسي بقانون أساسي، خلال الأشهر الثلاثة التي تلي ختم الدستور، هيئة وقتية تختص بمراقبة دستورية مشاريع القوانين وتتكوّن من:

الرئيس الأول لمحكمة التعقيب رئيسا،

الرئيس الأول للمحكمة الإدارية عضوا،

الرئيس الأول لدائرة المحاسبات عضوا،

ثلاثة أعضاء من ذوي الاختصاص القانوني يعينهم تباعا وبالتساوي بينهم كل من رئيس المجلس الوطني التأسيسي ورئيس الجمهورية ورئيس الحكومة.

وتعتبر سائر المحاكم غير مخوّلة لمراقبة دستورية القوانين.

تنتهي مهام الهيئة بإرساء المحكمة الدستورية.

8. 사법부 감독을 위한 임시 기구는 사법정의위원회 구성이 완료될 때까지 그의 임무를 계속 수행한다.
시청각통신독립위원회는 시청각통신위원회 선거 때까지 그의 임무를 수행한다.

9. 국가는 관련 법률로 한정한 모든 분야와 기간에 과도적 정의 체계를 적용하고, 이와 관련해서 법률의 불 취소, 사전 사면의 존재, 기결 사건의 유효, 범죄나 처벌의 시효를 거부하는 것은 수용되지 않는다.

제149조

군사법원은 제110조 규정에 따라 개정될 때까지 유효한 법률들에 의해 보장된 권한 수행을 지속한다.

٨- تواصل الهيئة الوقتية للإشراف على القضاء الي القيام بمهامها العدلي حين استكمال تركيبة مجلس القضاء العدلي.

وتواصل الهيئة المستقلة للاتصال السمعي البصري القيام بمهامها إلى حين انتخاب هيئة الاتصال السمعي البصري.

٩- تلتزم الدولة بتطبيق منظومة العدالة الانتقالية في جميع مجالاتها والمدة الزمنية المحددة بالتشريع المتعلق بها، ولا يقبل في هذا السياق الدفع بعدم رجعية القوانين أو بوجود عفو سابق أو بحجية اتصال القضاء أو بسقوط الجريمة أو العقاب بمرور الزمن.

(الفصل ١٤٩)

تواصل المحاكم العسكرية ممارسة الصلاحيات الموكولة لها بالقوانين السارية المفعول إلى حين تنقيحها بما يتماشى مع أحكام الفصل ١١٠.

히즈라력 1435년 라비으 알아우왈월에 해당하는 2014년 3월 27일 바르도궁전에서 직인을 찍었다.

공화국 대통령

무함마드 알만씨프 알마르주끼

제헌의회 의장

무스따파 빈 자으파르

총리

알리 라으리드

والله ولي التوفيق
ختم بقصر باردو في ٢٧ جانفي ٢٠١٤ الموافق لـ ٢٦
ربيع الأول ١٤٣٥

رئيس الجمهورية
السيد محمد المنصف المرزوقي

رئيس المجلس الوطني التأسيسي
السيد مصطفى بن جعفر

رئيس الحكومة
السيد علي لعريض

주석

튀니지 헌법

1 23년간 독재를 해오던 튀니지의 벤 알리(Zine El-Abidine Ben Ali) 독재 정권에 반대해 2010년 12월 17일 시작된 튀니지의 민주화 혁명을 자유와 존엄의 혁명이라고 한다. 서방 언론에서는 튀니지에서 흔히 볼 수 있는 꽃 이름을 따 쟈스민 혁명이라고 부른다. 시위는 2010년 12월 남동부 지방도시인 시디 부지드에서 무허가 노점상을 하던 20대 청년 부아지지가 경찰의 단속에 항의해 분신자살을 하면서 시작되었다. 극심한 생활고와 장기집권으로 인한 억압통치, 집권층의 부정부패 등 현 정권에 대한 불만이 폭발하여 전국적인 민주화 시위로 확산되었고, 결국 벤 알리 당시 튀니지 대통령은 2011년 1월 14일 사우디아라비아로 망명을 떠나 민주혁명이 성공하였다. 아프리카 및 아랍권에서 쿠데타가 아닌 민중봉기로 독재정권을 무너뜨린 최초의 사례다. 이후 이웃국가로 민주화 시위가 확산되어 아랍중동 전역에 이른바 '아랍의 봄' 바람을 불러일으켰다.

2 일반적으로 '이슬람공동체'라는 의미로 사용됨. 이론상 움마는 세계의 모든 이슬람교도를 포함하고 있으며 오늘날에도 무슬림은 국적, 민족, 인종을 초월하여 동일한 움마에 귀속한다는 강한 동포의식을 가지고 있다. 한편으로 아무리 같은 국민일지라도 이교도와는 다른 존재라는 자기인식을 갖는다. 따라서 무슬림에는 이 움마 개념을 기초로 무슬림들끼리 국경을 초월하여 결속되거나 이교도에 의한 지배로부터 독립, 자치를 목표로 하는 지향성이 있다(출처: 『21세기정치학대사전』).

3 서부 아랍지역을 뜻하며, 모로코, 모리타니아, 알제리, 튀니지 및 리비아를 포함하는 지역이다.

4 튀니지의 국기는 1831년에 채택되었으며, 1959년 6월 1일에 공식 제정되었고,

현재의 국기는 1999년에 수정되었다. 붉은색은 순교자의 피를, 흰색 원은 평화를 의미하며, 흰색 원 안에 그려진 붉은색 초승달은 무슬림의 단결을, 5개의 살을 가진 붉은색 별은 이슬람교의 다섯 기둥(신앙고백, 예배, 자선, 금식, 순례)을 의미한다.

5 튀니지 국가의 명칭을 아랍어 발음 그대로 옮기면 '후마 알히마'이며 '보호의 보호자들'이란 뜻이다. 가사는 1930년대에 레바논에서 출생한 이집트 시인 무스따파 싸디끄 알라피이에 의해 쓰였다. 곡은 리비아와 아랍에미리트의 국가를 작곡했던 사람에 의해 작곡되었다고 한다. 이 곡은 1957년 7월부터 1958년 3월 사이에 일시적으로 국가로 사용되었으며, 1987년 11월부터 본격적으로 국가로 사용되고 있다.

6 튀니지의 국장은 1989년 9월 2일에 제정되었다. 금색 방패 상단에는 선박이 그려져 있고, 방패 가운데 있는 리본에는 표어인 '질서, 자유, 정의'가 오른쪽부터 아랍어로 적혀 있다. 방패 하단 왼쪽에는 저울이 그려져 있고, 하단 오른쪽에는 칼을 든 사자가 그려져 있다. 방패 위에는 튀니지의 국기 가운데에 그려진 빨간색 초승달과 별 문양이 있다.

7 이슬람에서 어떤 사람을 이교도(카피르)이라고 선언하는 것으로써, 기독교의 이단선고에 해당한다. 타크피르를 받은 자는 죽어야 한다고 되어 있기 때문에 실제로 선언이 이루어진 경우는 역사적으로 드물었다. 그러나 현대는 급진적 이슬람주의자들이 현재 국가체제나 정치적 지도자를 불신앙의 상태에 있다고 하고 그 타도나 암살을 실행하고자 할 때의 슬로건으로서 이 개념을 종종 이용하고 있다. 단, 울라마와 무슬림 동포단 등은 이러한 주장에 대해 부정적이다(출처: 『21세기 정치학대사전』).

8 20-23살의 남자들은 강제로 징집되며 의무기간은 1년이다. 병역의무는 튀니지 국적 취득의 필수 조건이다(출처: CIA The World Factbook).

9 국토 면적의 27.8%가 농경지이고 36.3%가 목초지, 5.4%가 삼림지대로, 북아프리카에서 가장 좋은 환경을 갖추고 있다. 북부에서는 밀, 튀니지 부근에서 포도, 본곶(串)에서 과일과 채소가 재배되며 남부의 연해지방에서는 올리브가 생산된

다. 19세기 말 이래 유럽인이 연 대규모의 농장은 독립 후 접수되어 협동농장이 되었다. 수산업이 활발하며 수스가 그 중심으로 되어 있다. 독립 후 공업화정책에 따라 제철, 정유, 시멘트, 건재, 화학, 식품 등의 공업이 일어났다. 지하자원은 인(燐)광석이 많으며 그 밖에 철광, 수은, 망간, 석유 등이 있다. 주요 수출품은 올리브유 · 야채 · 과일통조림 · 인광석 등인데, 인광석은 모로코와 더불어 세계 2대 수출국이며 석유는 1968년 이후 튀니지 제1수출품이 되었다. 수출 상대국은 유럽과 미국 등이다.

10 튀니지 군 체계는 육군, 공군, 해군으로 되어 있으며, 상비군은 40,500명이고 예비군은 12,000명이다(2015년). 전차가 180이며, 공군기는 138기이고, 전투함은 50척이다(2015년). 보다 자세한 것은 전세계군사력을 보여주는 GFP 홈페이지 참조(http://www.globalfirepower.com/country-military-strength-detail.asp?country_id=Tunisia).

11 튀니지는 북아프리카 국가 중에서 높은 교육열을 가진 나라로서 교육제도에 관한 새로운 법을 1991.7월에 제정, 대학교육을 포함한 교육 전 과정에 대해 거의 무상교육을 실시하고 있으며 기초, 중등 및 고등교육 등록학생 수는 현재 총 207,8153명(2012.5월 기준)임. 교육제도는 기초(6년), 중등(3년, 4년) 및 고등교육(4년)의 3단계로 구분되어 있음. 초등교육은 의무교육이며, 중등교육은 직업교육(3년)또는 일반교육(7년)으로 구분됨. 고등교육은 전국 13개 종합대학과 193개의 고등교육 연구 관련 기관(24개의 고등기술연구소, 국립공대, 고등사범학교 등)에서 담당하며 대학생(20-24세 기준)수는 총 346,876명으로 이중 61.2%가 여학생임(출처: 주 튀니지 한국대사관 홈페이지, 2012년 자료).

12 1957년부터 1987년까지 30년동안 튀니지를 통치했던 하비브 부르기바 대통령을 몰아내고 총리였던 벤 알리가 대통령이 되면서 다양한 정치개혁을 시도하였다. 이후 1989년, 1991년, 1994년, 1999년, 2004년에 치러진 대통령 및 의회 선거, 1990년 지방선거에서 알 수 있듯이 선거의 정기적인 실시 등 절차적인 제도화가 어느 정도 이루어졌음에도 불구하고 실질적인 민주적이고 다원적인 정치체계형성과 발전에 성공했다고 보기는 어렵다. 보다 자세한 정보는 "튀니지의

정치발전과 이슬람"(최영철) 참조.

13 지난 2014년 12월 29일 튀니지 선거관리위원회는 Nida Tounes 대선후보인 Beji Caid Essebsi 후보가 55.68%의 득표율로 제2공화국 대통령으로 당선되었다고 선포하였다.

14 이슬람법의 해석과 적용에 관해서 의견을 언급할 자격이 인정된 법학의 권위자. 샤리아 법정의 까디(재판관)는 중요하거나 곤란한 문제에 판결을 내릴 때에 무프티의 의견을 구하고, 후자는 반드시 문서로 의견을 제출하는데 이를 파트와라고 하며, 까디는 그에 의거해서 판결을 내렸다. 까디 외에 행정법정, 군주, 개인도 무프티에게 파트와를 구할 수 있었다. 무프티 제도는 압바스 시대(750-1258)에 자연스럽게 만들어져서, 오스만제국에 이르러서 각주, 지구, 도시에 무프티를 임명했는데, 이스탄불의 무프티는 전국의 까디와 무프티의 임명권을 장악한 것 외에, 그 파트와에서 지지되지 않으면 술탄도 국정을 수행하지 못했다. 무프티는 까와 달리 이슬람 법학의 조예가 깊으면 부인이나 노예나 신체에 장해가 있는 자라도 그 직에 오를 수 있었다(출처: 『종교학대사전』).

15 파기원은 프랑스, 벨기에 등의 대법원에 해당됨.

16 튀니지의 수도는 투니스이며, 6개 지역 24개의 주로 구성되어 있다. 아리아나, 베자, 벤아루스, 비제르테, 가베스, 가프사, 젠두바, 카이르완, 카세린, 케빌리, 케프, 마디아, 마누바, 메드닌, 모나스티르, 나뵐, 스팍스, 시디부지드, 실리아나, 수스, 타타우인, 토죄르, 투니스, 자구완 주들이다.

튀니지

‘아랍의 봄’의 진원지

※ 일러두기

튀니지에서는 아랍어를 로마자로 옮길 때 프랑스 어 방식으로 음을 적는다. 이 글에서 아랍어 인명, 지명은 이를 존중하여 최대한 현지어 발음에 가깝게 옮겨 적었다. 예를 들어 정당이름 니다 투네스(Nidaa Tounes)는 표준 발음이 니다으 투니스(Nidā' Tūnis)지만, 현지 표기대로 니다 투네스로 적는다.

1. 머리는 유럽에, 가슴은 아랍에, 다리는 아프리카에

1) 개관

국명	튀니지 공화국(Republic of Tunisia, al-Jumhūriyyah al-Tūnisiyyah)
최고 통치자	대통령 · 하빕 부르기바(1대~4대 대통령, 1957. 7. 25~ 1987. 11. 7) · 진 엘아비딘 벤 알리(대통령 대행 및 5대~9대 대통령, 1987. 11.7~2011. 1. 14) · 모하메드 간누시(2011.1.14~2011.1.15 대통령 대행) · 푸아드 메바자(2011.1.15~2011.12.12 대통령 대행) · 몬세프 마르주키(이슬람주의 정당인 엔-나흐다당 출신. 10대 대통령, 임시과도정부 대통령 역임. 2011.12.13~2014.12.31) · 베지 까이드 에셉시(Béji Caïd Essebsi. 11대 대통령). 2014년 11월 23일 치러진 대통령선거에서 투표자 과반수 이상을 차지한 후보자가 나오지 않음으로써 결선투표를 하게 됨. 12월에 실시된 결선투표에서 세속주의 정당인 니다 투네스당(Nidaa Tounes Party. 아랍어 Ḥarakat Nidā' Tūnis로 '튀니지의 외침' 의미) 출신인 에셉시가 투표자 55.68% 지지를 받아 당선됨.
정부형태	대통령 중심제
입법부	제헌의회는 2014년 2월 7일 '신헌법'을 채택했고, 신헌법에 따라 2014년 10월 26일 튀니지 의회선거가 치러짐. 총 의석 217석. 신헌법에 따른 최초 선거에 800여개의 정당이 참여했고, 세속주의 정당인 니다 투네스당이 85석, 이슬람주의 정당인 엔-나흐다당이 69석을 차지하여 양당구조를 갖추었으나 어느 당도 과반 의석을 차지하지 못함.
수도	튀니스

독립일	1956년 3월 20일(프랑스로부터 튀니지 왕국으로 독립)
면적	164,150㎢
인구	10,982,000명(2015년)
국어(공용어)	아랍어(공용어), 불어가 널리 통용되고 있음
종교	이슬람교 99%, 기독교 및 유대교 1%
주요 산업 (2015년)	농업: 9.9% 산업: 29% 서비스업: 61.2%
GDP(2015년)와 실질성장률	440억 2700만 달러 실질성장률: 2015년 1%, 2014년 2.3%, 2013년 2.3%
1인당 GDP(PPP)	11,600 달러(2015년) 11,500 달러(2014년)
실업률	2015년: 15.4% 2014년: 14.9%
화폐 단위	튀니지 디나르 (TND)
기후	온화한 지중해성 기후, 여름 평균 기온 30도, 겨울 평균 기온 12도
국기와 국장	
한-튀니지 외교관계 수립	1969년 3월 31일

튀니지는 마그립(Maghrib, 북아프리카) 지역 국가들 중 가

장 작은 국가로 지중해 연안으로 뻗어있는 아틀라스 산맥의 동쪽 끝자락을 포함하고 있고, 사하라 사막의 북쪽 끝에 접해있다. 서쪽으로 알제리, 남동쪽으로 리비아와 국경을 맞대고 있고, 1300Km에 달하는 지중해 해안선을 가지고 있다.

튀니지는 지리적으로 북아프리카 국가이고, 국교를 이슬람으로 하고 있으나 사회는 세속화되어 있는 무슬림 국가이며, 1881년부터 1956년까지 프랑스의 식민지를 경험하여 프랑스의 문화가 널리 퍼져있는 국가이다. 그래서 튀니지는 '머리는 유럽에, 가슴은 아랍-이슬람에, 다리는 아프리카에' 두고 있는 국가로 부를 수 있다.

1956년 프랑스로부터 독립한 이후, 국교를 이슬람으로 하고 있지만 세속주의를 지향해 왔기 때문에 일종의 세속적 이슬람주의 또는 이슬람 세속주의 문화가 강한 국가이다. 2010년 12월 부아지지라는 청년의 분신자살로 촉발된 '아랍의 봄' 이후 온건 이슬람주의 정당인 엔-나흐다당이 부상하다가 2014년 10월 총선에서 다시 세속적 정당인 '니다 투네스'당이 의회 다수 의석을 차지했고, 이 당 소속의 에셉시가 같은 해 12월 치러진 대선에서 대통령으로 당선됨으로써 다시 세속주의가 부상하게 되었다. 역시 가슴은 '아랍-이슬람'을 지향하지만, 머리는 유럽의 세속주의를 좇고 있음을 알 수 있다. 튀니지는 아랍연맹(Arab League), 아프리카연합(African Union), 이슬람협력기구(Organization of Islamic Cooperation)의 회원국이고 미국, 프랑스, 유럽연합(European Union)과도 밀접한 친선우호 관계를 가지고 있다.

2011년 이른바 '존엄성 혁명'(2011. 1. 14~2011. 12. 17)을 통해 장기 독재정권을 무너뜨린 튀니지 국민들은 아랍 이슬람 정체성(아랍 이슬람 움마 정체성)을 강화하고, 마그립을 통합하며, "자유 선거를 통한 평화적인 정권 교체, 권력의 분권화, 균형의 원칙에 의거하여 국민이 주권을 가진 시민 국가의 테두리 내에서 공화 민주 참여제를 설립한다"고 밝히고 있다(헌법 서문). 신 헌법에서도 이슬람(제1조, 제6조), 마그립(제5조), 권력분립과 국민주권(제2조, 제3조) 등을 강조하고 있다. 튀니지가 가슴은 이슬람에, 다리는 마그립에, 머리는 서구(권력분립과 국민주권주의)에 두고 있음을 튀니지 헌법은 다시 한 번 확인해 준다. 일종의 이슬람식 민주주의를 지향하고 있다.

2) 튀니지 약사

기원전1000년경(또는 BC 12세기)에 페니키아인이 현재의 튀니지 지역으로 이주하여 정착했다. 이들은 기원전 814년에 카르타고(Carthage)라는[1] 도시를 건설하였고, 기원전 6~5세기에는 서 지중해의 여러 지역을 점령하여 크게 번성하였다. 즉 고대 카르타고가 튀니지의 기원이다. 로마, 아랍, 오스만 터키, 프랑스는 북아프리카 지역에서의 전략적 중요성에 따라 튀니지를 그 지역을 통제하기 위한 허브로 만들면서 식민통치를 하게 되었다.[2]

로마와 카르타고의 3차에 걸친 〈포에니 전쟁〉에서 결국 기원전 146년에 카르타고는 로마에 완전히 패배하게 되었다. 439년부터 533년 까지 반달족이 점령한 시기를 제외하고 648-669년에 아랍이슬람 세력이 점령하기 전까지 로마의 식민지로 있었다.

카르타고 페니키아 시대부터 튀니지는 농업지대로 알려져 있었으며, 로마 식민지를 거쳐 7세기 이후 아랍이슬람 세력의 침략으로 이슬람화 되었다. 여러 아랍과 베르베르 왕조가 이 지역에서 부침했고,[3] 1570-1574년에 오스만이 점령하여 19세기

까지 오스만 제국의 영토가 되었다. 16세기 말에 해적(Barbary pirates)의[4] 거점이기도 했다.

18세기 이후 서구 제국주의 국가들 간 중동 패권경쟁 과정에서 결국 1881년에 프랑스군이 튀니지를 점령하고 오스만제국이 임명한 지역통치자(bey)가 '프랑스 피보호국'을 승인하는 조약에 서명함으로써 프랑스 보호 하에 들어갔다. 튀니지에 대한 '프랑스의 보호국'을 인정하지 않았던 오스만 터키 제국이 제1차 세계대전에서 패배하면서 튀니지는 완전히 프랑스의 식민국가가 되었다. 제2차 세계대전 중 이탈리아와 독일군에 일시 점령되기도 했으나 추축국의 패배로 다시 프랑스의 피식민지 국가가 되었다.

제1차 세계대전 이전에 형성된 '청년 튀지지' 운동을 통해 튀니지 민족주의가 형성되었고, 프랑스 식민 통치 하에서 반 프랑스 독립운동이 전개되었다. 제2차 세계대전에서 미국의 개입으로 연합국이 승리하면서 패권이 미국으로 넘어갔고, 많은 제3세계 국가들이 탄생했다. 이러한 시대적 조류에 따라 1954년 7월 프랑스 총리 피에르 망데(Pierre Mendès)가 튀니지의 '자치정부 수립'을 약속했고, 결국 튀니지는 1956년 3월 20일 완전 독립국가가 되었다.

1957년 7월 25일 제헌의회는 오스만 제국이 임명한 지방통치자를 해임하고 튀니지가 공화국임을 선포했다. 독립국 왕정에서 총리였던 하빕 부르기바(Habib Bourguiba)에 의해 곧바로 왕정은 폐지되고, 1957년 선거를 통해 부르기바는 초대 대통령이 되었다. 그는 엄격한 1당제, 이슬람 근본주의에 대한 억압 정책을 펼쳤으나 다른 한편으로는 타 아랍국가들과 비교하였을 때 여성 인권 신장에 기여한 것으로 알려져 있다. 부르기바는 친서방 정책을 취했고, 1967년 아랍-이스라엘 6일 전쟁에서도 미국과 관계를 유지했으며, 이슬람 근본주의 그룹을 제거하기 위해 노력했다. 부르기바는 1975년에 종신대통령이 되었다.

1987년 11월 당시 총리였던 진 엘 아비딘 벤 알리(Zine El Abidine Ben Ali)는 부르기바가 대통령직을 수행하는데 정신적으로 부적절하다고 선언하고 무혈 쿠데타를 일으켜 부르기바를 대통령직에서 해임해버렸다. 벤 알리는 1999년 10월 대선에서 99%의 지지를 받아 재선되었고, 2000년 5월 치러진 총선에서 벤 알리가 이끄는 입헌민주의회당(Constitutional Democratic Assembly Party)이 투표자 92%의 지지를 받아 의회 권력까지 휩쓸었다. 벤 알리는 무혈 혁명 후 대통령 종신제 폐지, 복수정당제 도입, 정치범 석방, 신문규제 완화 등 민주화, 자유화 정책을 실시하기도 했으나 2002년 5월 국민 찬반 투표를 통해 대통령 3회 중임제를 폐지하고 벤 알리가 향후 15년 이상 대통령직을 수행할 수 있도록 하는 등 영구집권을 시도했다.[5] 벤 알리는 2004년 10월 대선에서 투표자 94%의 지지를 받았고, 2009년 10월 대선에서 89.6%의 지지를 받아 5회나 되는 대통령직을 수행하게 되었다. 그러나 벤 알리는 그의 임기 동안 압제, 인권탄압이 많았고, 이슬람 근본주의가 성장했으며, 대중들 사이에서 반서구 감정이 확대되었다.

초심을 잃어버린 절대권력자의 권력욕은 결국 민중혁명의 원인이 되었다. 영원할 것 같은 종신제 대통령은 높은 실업(특히 청년실업), 부패, 광범위한 빈곤, 2011년 1월부터 폭등하기 시작한 높은 식량가로 인해 2010년 12월에 시작된 항의 시위는 2011년 1월에는 수백 명의 사망자를 가져온 폭동으로 변질되었다. 2011년 1월 14일 벤 알리는 하야하고, 외국으로 추방되는 신세가 되었다. 1월 말에 국민통합정부(National Unity Government)가 형성되었다.

벤 알리 국외 추방으로 모하메드 간누시(Mohamed Ghannouchi, 2011.1.14~2011.1.15), 푸아드 메바자(Fouad Mebazaa, 2011.1.15~2011.12.12)가 차례로 대통령 대행직을 맡

았다. 2011년 10월 말에 헌법제정위원회(Constituent Assembly) 선거가 시행되었고, 이 위원회는 12월에 인권운동가 몬세프 마르주키(Moncef Marzouki)를 임시대통령으로 선출하였다. 헌법제정위원회는 2012년 2월에 새 헌법 초안을 작성하기 시작하였고, 수 차례의 정치적 위기를 겪었으나 2014년 1월에 헌법 초안이 채택되었다. 2014년 말에 국회의원과 대통령 선거가 치러졌고, 새로 제정된 헌법에 따라 2014년 11월~12월에 치러진 대통령 선거에서 세속주의 정당인 니다 투네스당(Nidaa Tounes Party) 출신인 베지 까이드 에셉시(Béji Caïd Essebsi)가 대통령으로 당선되었다.

· 기원전 약 1100년: 페니키아인(Phoenicians)이 북아프리카 해안에 정착함. 오늘날의 투네스 지역 근처에 자리잡은 카르타고가 해양권력을 장악.

· 기원전 146: 카르타고가 로마에 패배. 439~533 기간 반달족이 튀니지 지역을 정복한 기간을 제외하고 아랍인이 정복하기 전까지 로마 제국의 식민지였음.

· 648~669: 아랍인이 현 튀니지 지역 정복. 이 지역이 이슬람화 됨.

· 909년: 베르베르인들이 아랍인들로부터 튀니지 지역을 빼

았음.

· 1600년대: 튀니지는 오스만터키 제국의 식민지가 되었으나 높은 자율성을 누림.

· 1881년: 프랑스군이 투네스 점령. 프랑스가 경제, 외교권을 통제했고, 1883년부터 프랑스 보호국이 됨.

· 1956년: 군주국으로 독립함. 독립 왕국의 수상이었던 하빕 부르기바(Habib Bourguiba)는 1957년에 왕정을 폐지하고 공화정 수립. 1~4대 대통령(1957. 7. 25 ~ 1987. 11. 7)

· 1987년: 벤 알리 총리가 일종의 쿠데타를 일으키고, 부르기바가 정신적으로 문제가 있다고 선언한 후 자신이 권력자가 됨. 대통령 대행 및 5~9대 대통령(1987. 11. 7 ~ 2011. 1. 14)

· 2011년: 민주화 시위로 벤 알리가 국외로 추방됨.

· 모하메드 간누시: 대통령 대행(2011.1.14~2011.1.15)

· 푸아드 메바자: 대통령 대행(2011.1.15~2011.12.12)

· 몬세프 마르주키: 이슬람주의 정당인 엔-나흐다(Ennahda) 당 출신. 10대 대통령. 임시과도정부 대통령 역임(2011.12.13~2014.12.31).

· 베지 까이드 에셉시(Béji Caïd Essebsi): 11대 대통령. 2014년 11월 23일 치러진 대통령선거에서 투표자 과반수 이상을 차

지한 후보자가 나오지 않음으로써 결선투표를 하게 됨. 12월에 실시된 결선투표에서 세속주의 정당인 니다 투네스당(Nidaa Tounes party) 출신인 에셉시가 투표자 55.68% 지지를 받아 당선됨.[6]

2. 자연환경

북아프리카 지중해 연안국 튀니지는 북동쪽으로 지중해, 서쪽으로 알제리, 남동쪽으로 리비아와 접해있으며, 마그립지역 국가(튀니지, 알제리, 모로코, 리비아) 중 가장 작은 나라이지만 자연환경이 매우 좋고, 다양한 문화가 혼재해 있는 살기 좋은 나라이다. 모로코-알제리-튀니지에 걸쳐있는 아프리카 북서쪽에 위치해 있는 아틀라스 산맥으로부터 이어지는 지중해 해안 쪽으로 뻗어있는 산맥과[7] 리비아로부터 뻗어 올라오는 사하라 아틀라스 산맥으로부터 이어지는 텔 아틀라스(Tell Atlas) 산맥이 있고, 그 사이에 메제르다 강(Medjerda River)이 있다.

3. 권력기관

2014년 2월 7일 새로 채택된 헌법에 따르며, 튀니지는 입법, 사법, 행정 3권이 독립되어 있는 대의제민주주의(representative democracy)를 채택하고 있는 민주국가이다.

1) 대통령과 내각

대통령은 국가의 수반이고 통합의 상징이며, 국가의 독립성과 지속성, 헌법의 존엄성을 보장한다(헌법 제72조). 대통령은 행정부 수반이기도 하다(헌법 제71조). 대통령의 임기는 5년이다(헌법 제75조). 대통령직 후보는 35세 이상인 자로서 출생 때부터 튀니지 국적을 가진 무슬림이어야 하며, 인민대표의회 의원들과 선출된 지역의회 의장들 및 등록 유권자들 다수의 추천을 받아야 한다(헌법 제74조). 보통 · 자유 · 직접 · 비밀 · 투명 선거에서 과반수 이상을 획득한 자가 대통령이 되며, 1차에서 과반수 이상을 획득하지 못한 경우, 결선투표를 한다(헌법 75조). 대통령은 국가안보위원회 의장, 군 최고사령관, 일정 조건 하에서 전쟁 선포와 평화조약 체결권, 군 해외 파병권, 법률공포

권, 조약 승인권, 특별사면권(헌법 제77조), 무프티(이슬람법학자) 임면권, 고위 공무원 임면권, 중앙은행 총재 임명권(헌법 제78조), 면책특권(헌법 제87조) 등 많은 권한을 가진다.

대통령은 의회(Assembly of the Representatives of the People)의 승인을 받아 총리와 27명의 장관(내각), 14명의 비서(secretaries)를 임명한다. 중앙정부가 지사(Regional governors)와 지방 공무원(local administrators)을 임명한다. 시장과 지방의회(municipal councils)는 주민의 선거로 선출된다. 이른바 〈튀니지의 봄〉[8] 이후 신헌법에 따라 최초 자유 선거로 의회와 대통령이 선출된 이후 최초로 2015년 초에 임명된 내각의 구성원은 다음과 같다.

〈표1〉 2015년 초에 임명된 내각 구성원과 소속 당

부서명	이 름	소속 당
총리 (Prime Minister)	하빕 에시드(Habib Essid)	무소속
법무장관 (Minister of Justice)	모하메드 살라흐 벤 아이사 (Mohamed Salah Ben Aïssa)	무소속
내무장관 (Minister of Interior)	모하메드 나젬 가르살리 (Mohamed Najem Gharsalli)	무소속
국방장관(Minister of Defence)	파르하트 호르샤니 (Farhat Horchani)	무소속

외무장관 (Minister of Foreign Affairs)	타입 바쿠슈(Taïeb Baccouche)	니다 투네스당
경제-금융 장관 (Minister of Economy and Finance)	슬림 샤케르(Slim Chaker)	니다 투네스당
관광-공예 장관 (Minister of Tourism and Handicrafts)	셀마 엘루미 레키크 (Selma Elloumi Rekik)	니다 투네스당
산업-에너지-광물 장관 (Minister of Industry, Energy and Mining)	자카리아 하마드 (Zakaria Hamad)	무소속
농업장관 (Minister of Agriculture)	사아드 세디클 (Saâd Seddikl)	무소속
무역장관 (Minister of Trade)	리다 라후엘 (Ridha Lahouel)	무소속
사회업무 장관 (Minister of Social Affairs)	아흐메드 암마르 윤바이 (Ahmed Ammar Younbaii)	무소속
고등교육-과학연구-ICT 장관 (Minister of Higher Education, Scientific Research and ICT)	시헵 부덴(Chiheb Bouden)	무소속
교육부 장관 (Minister of Education)	네지 잘룰(Néji Jalloul)	니다 투네스당
보건장관 (Minister of Health)	사이드 아이디 (Saïd Aïdi)	니다 투네스당
운송 장관 (Minister of Transport)	마흐무드 벤 롬단 (Mahmoud Ben Romdhane)	니다 투네스당
설비-주택-공간 계획 장관 (Minister of Equipment, Housing and Spatial Planning)	모하메드 살라흐 아르파위 (Mohamed Salah Arfaoui)	무소속
고용-직업 훈련 장관 (Minister of Employment and Vocational Training)	지드 라다리 (Zied Ladhari)	엔-나흐다당

종교업무 장관 (Minister of Religious Affairs)	오스만 바티크 (Othman Battikh)	무소속
여성-가족-어린이 장관(Minister of Women, Family and Children)	사미라 메라이 (Samira Merai)	아페크 투네스당 (Afek Tounes)
문화 장관(Minister of Culture)	라티파 라크다르 (Latifa Lakhdar)	무소속
청년-스포츠 장관 (Minister of Youth and Sports)	마헤르 벤 디아 (Maher Ben Dhia)	자유애국연합
환경-지속가능개발 장관 (Minister of the Environment and Sustainable Development)	네집 데루이슈(Nejib Derouiche)	자유애국연합
통신기술-디지털 경제 장관 (Ministry of Communication Technologies and the Digital Economy)	누만 페흐리 (Noomane Fehri)	아페크 투네스당
개발-투자-국제협력 장관 (Minister of Development, Investment and International Cooperation)	야신 브라힘 (Yassine Brahim)	아페크 투네스당
국유재산-토지 업무 장관(Minister of State Property and Land Affairs)	하템 엘에우시 (Hatem El Euchi)	자유애국연합
ARP 관계 담당 정부수뇌 장관 (Minister to the head of government in charge of relations with ARP)	라즈하르 아크레미 (Lazhar Akremi)	니다 투네스당
헌법제도-시민사회 관계 담당 정부수뇌 장관 (Minister to the head of government in charge of Relations with the constitutional institutions and civil society)	카멜 젠두비(Kamel Jendoubi)	무소속
내각 비서장 (Chief Cabinet Secretary)	아흐메드 자루크 (Ahmed Zarrouk)	니다 튀니스당

한편, 튀니지는 다음과 같이 24개의 행정구역(wilayat)으로 나뉜다.

〈표2〉 24개 행정구역과 인구 및 넓이

	행정구역 명	인구 (2014)[9]	Area (km2)	Density
1	아리아나(Ariana)	576,088	482	1,195.20
2	베자(Béja)	303,032	3,740	81.02
3	벤 아루스(Ben Arous)	631,842	761	830.28
4	비제르트(Bizerte)	568,219	3,750	151.53
5	가베스(Gabès)	374,300	7,166	52.23
6	가프사(Gafsa)	337,331	7,807	43.21
7	제노두바(Jendouba)	401,477	3,102	129.43
8	카이루안(Kairouan)	570,559	6,712	85.01
9	카스린(Kasserine)	439,243	8,260	53.18
10	케빌리(Kebili)	156,961	22,454	6.99
11	케프(Kef)	243,156	4,965	48.97
12	마흐디아(Mahdia)	410,812	2,966	138.51
13	마누바(Manouba)	379,518	1,137	333.79
14	메드닌(Medenine)	479,520	9,167	52.31
15	모나스티르(Monastir)	548,828	1,019	538.59
16	나베울(Nabeul)	787,920	2,788	282.61
17	스파끄스(Sfax)	955,421	7,545	126.63
18	시디 부지드(Sidi Bouzid)	429,912	7,405	58.06
19	실리아나(Siliana)	223,087	4,642	48.06
20	수세(Sousse)	674,971	2,669	252.89
21	타타윈(Tataouine)	149,453	38,889	3.84
22	토제르(Tozeur)	107,912	5,593	22.87
23	투네스(Tunis)	1,056,247	288	3,052.74
24	자그완(Zaghouan)	176,945	2,820	63.93

자료: http://www.nationsonline.org/oneworld/map/tunisia-administrative-map.htm

2) 입법부

2011년 혁명 이전 튀니지 입법부는 양원제였다. 그 중 하원은 튀니지 민의원(Chamber of Deputies of Tunisia, Majlis al-Nuwaab)으로 214석이었고, 그 중 최소 25%는 야권에, 27% 이상은 여성에 할당되어 있었다. 상원의원(Chamber of Advisors)은 112명으로 구성되었고, 지역, 전문가 그룹, 민족의 대표로 구성되었으며, 41명은 국가 원수가 임명하고 나머지는 동료들이 선출했다. 상원의원의 약 15%는 여성으로 임명되었다. 튀니지는 1956년 부르기바 대통령이 제안하여 법제화된 개인지위법(Code of Personal Status)에 따라 일부다처제가 법으로 금지된 유일한 아랍국가였을 뿐 아니라 양원제 국회 모두에서 여성은 전체 의석의 1/5 이상을 차지하도록 되어 있었다.

2011년 혁명 후 국회는 5년 임기의 단원제로 바뀌었으며, 2014년 10월 26일 보통 · 자유 · 직접 · 비밀 · 공정 · 투명 선거를(헌법 제55조) 통해 217명의 국민대표의회(the Assembly of the Representative of the People) 의원이 선출되었다. 튀니지 국민대표의회의 피선거권은 23세이며, 선거권은 만 18세이다(헌법 53, 54조). 튀니지 인민대표의회 관련 헌법 규정에서 특이한

점은 다음과 같은 야당에 대한 배려이다. "야당은 인민대표의회의 필수적인 구성요소이고, 자신의 의회 직무를 발전시킬 담당할 권리가 있으며, 야당에게는 모든 의회 조직과 국내·외 활동에서 적절하고 효과적인 대표성이 보장된다. 야당에게는 재정위원회 의장과 대외관계위원회 조사위원이 할당되며, 매년 조사위원회를 구성하고 의장을 맡을 권리가 있다. 의회 직무에 활동적이고 건설적으로 동참하는 것은 야당의 의무이다." 이는 '아랍의 봄'의 진원지인 국가로서 소수자에 대한 배려 차원으로 판단된다.

다음 인민대표의회 선거는 2019년에 실시된다. 2014년 선거에서 정당별 득표율은 다음 〈표3〉과 같다.

〈표3〉 정당별 득표율(2014년 총선)

니다 투네스(Nidaa Tounes)	39.6%(86석)
엔-나흐다(En-Nahda)	31.8%(69석)
자유애국연합	7.4%(16석)
대중전선(Front populaire)	6.9%(15석)
아페끄 투네스(Afek Tounes)	3.7%(8석)
공화국의회 (Congrès pour la République)	1.8%(4석)
기타	8.8%(기타 소수당 17석, 무소속 2석)

3) 사법부

튀니지의 법체계는 프랑스 민법체계와 이슬람법에 기초하고 있다. 튀니지에는 최고사법위원회(헌법 제114조), 사법부(파기법원, 항소법원, 1심법원, 헌법 제115조), 행정사법부(최고행정법원, 상고행정법원들, 초급행정법원, 헌법 제 116조), 회계 · 감사 법원인 금융사법부(헌법 제117조), 독립사법기관인 헌법재판소(헌법 제118조)가 설립되어 있다.

최고사법위원회와 헌법재판소는 독립된 기구이다. 최고사법위원회의 의장은 국가원수인 대통령이 맡고 있다. 사법부는 독립되어 있다. 튀니지 신헌법은 2015년 말까지 대통령, 최고사법위원회, 의회가 각각 4명씩 임명하는 12명(임기 9년)으로 구성되는 헌법재판소(constitutional court) 구성을 명문화했다. 우리의 대법원에 해당하는 최고법원인 파기법원(Court of Cassation 또는 Cour de Cassation)이 있으며 하급법원으로는 항소법원(Courts of Appeal), 행정법원(administrative courts), 감사법원(Court of Audit), 주택법원(Housing Court), 제1심법원(courts of first instance), 지방 하급법원(lower district courts), 군사법원(military courts)이 있다. 사법부에 종사하는 판사들의 신분은 비교적 잘 보장되어 있으며, 판결에 있어서도 독립성을 보장받고 있다.

튀니지 헌법에는 인권위원회가 헌법기구로 설립되어 있다. 우리의 국가인권위원회가 법적 기구인데 비해 헌법기구라는 점에서 '아랍의 봄'의 진원지라는 점이 반영된 것 같다.

4. 우리나라와의 관계

한국과 튀니지 관계는 영사관계가 수립되고(1968.5.17), 1969년 기존의 영사관계를 대사급 외교관계로 승격시키면서 본격적으로 시작되었다(주 튀니지한국대사관홈페이지). 튀니지는 1990년 10월에서야 서울에 상주공관을 개설하고 초대 켈릴(Khelil) 대사, 2대 카스리(Kasri) 대사, 제3대 제마이일(Jemaiel) 대사, 제4대 제란디(Jerandi) 대사, 제5대 바아티(Baàti) 대사를 거쳐 2016년 현재 제6대 카마리(Khammari) 대사가 재임 중이다.

우리와 튀니지는 통상 및 경제협력협정에 따른 공동위원회(1970.5.19 발효), 문화협정에 따른 문화공동위원회(1969.5.14

발효), 과학기술협력협정에 따른 과학기술 공동위원회(1994.12.24 발효) 등을 개최하는 등 꾸준히 양국 유대 관계는 심화되고 있다. 우리는 아랍 및 아프리카 국가로서 친서방, 개방정책을 유지하고 국제무대에서 우리의 입장을 지지해온 튀니지와 특히 유엔 등 다자관계에서 긴밀히 협력하고 있으며, 튀니지는 한국의 발전상을 튀니지 국가발전의 모델로 삼아 우리와 경제, 통상관계를 비롯 제반 분야에서 협력을 강화하기 위해 적극적인 대 한국정책을 추진 중이다. 양국간 외교차관이 수석대표가 되는 공동위원회 및 양국의 담당 국장 간의 정책협의회가 정례적으로 개최되고 있으며, 양국 문화업무담당 국장 간의 문화공동위원회 및 장관급 과학기술공동위원회도 열리고 있다.

한편 우리나라와 튀니지 간 경제 관계 관련 다음 몇 가지 자료에 따르면 튀니지는 비교적 경제적 비중이 낮은 국가에 속한다. 우리나라의 미래창조과학부는 한-튀니지 간 과학기술분야 공동연구 추진을 위하여 공학, ICT, 에너지, 생명과학 등에 대한 협력기반 조성을 위하여 연구과제를 매년 공모하고 있다.

〈표4〉우리나라의 대 중동 수출 추이

(단위 : US$천)

구 분	1965년	1975년	1985년	1995년	2005년	2014년
사우디 아라비아	7	91,197	968,730	1,106,926	2,093,147	8,287,511
쿠웨이트	-	33,976	205,574	142,300	458,075	1,975,871
이란	-	125,690	540,913	352,076	2,141,180	4,162,243
바레인	-	4,938	22,778	30,193	118,357	275,226
아랍 에미리트	-	8,569	125,156	1,321,126	2,732,732	7,211,628
예멘	-	5,695	54,098	33,190	114,811	322,044
리비아	-	-	348,536	206,618	364,710	893,210
이집트	10	10,946	130,939	468,943	706,795	2,368,828
요르단	-	2,175	38,200	141,300	467,809	1,383,379
터키	14	11,927	107,531	574,725	2,782,025	6,664,732
모로코	-	1,345	12,873	50,261	207,888	308,249
오만	-	2,525	25,923	80,834	304,310	1,171,639
이라크	-	20,511	351,677	54	68,175	1,797,611
시리아	1	5,942	8,121	244,201	400,089	422,812
카타르	-	3,585	7,462	48,566	521,266	904,486
이스라엘	-	8,211	-	415,758	849,278	1,224,845
튀니지	-	251	2,366	29,886	80,355	207,870
알제리	-	-	50,137	50,137	340,203	1,417,300
팔레스 타인	-	-	-	-	-	-
레바논	-	-	130,866	130,866	92,269	303,214
합계	32	337,483	2,959,568	5,427,960	14,843,974	41,287,698

자료 : KOTIS

〈표5〉 아랍의 봄 전후 기간 우리나라의 대 중동 수출

(단위 : U$천, %)

순위	품옥	2011년		2012년		2013년	
		금액	증감율	금액	증감율	금액	증감율
1	선박	-	-	255,430	-	-	-
2	승용차	36,336	-42.3	44,199	21.6	60,811	37.6
3	합성수지	38,888	62.3	24,190	-35.9	60,811	37.6
4	기타석유화학제품	15,470	38.8	18,702	20.9	15,552	-16.8
5	건설중장비	20,490	-28.4	15,741	-23.2	16,822	6.9
6	화물자동차	7,426	139.1	9,268	24.8	11,083	19.6
7	배전및제어기	273	-52.9	3,005	999.1	-	-
8	아연괴및스크랩	3,673	138.6	2,444	-33.5	-	-
9	컴퓨터	778	-57.8	2,384	206.4	74	-96.9
10	기타	62,271	-	47,238	-	1,961	-
11	합계	185,610	-46.2	423,351	128.1	167,114	-60.5

자료 : KOTIS

〈표6〉 우리나라의 대 튀니지 주요 수출 상품

(단위 : U$천)

구 분	2008년	2009년	2010년	2011년	2012년	2013년
사우디 아라비아	5,253,426	3,856,582	4,556,678	6,964,299	9,112,041	8,827,722
쿠웨이트	744,245	744,108	1,048,482	1,431,970	1,584,164	1,132,895
이란	4,342,555	3,991,897	4,596,721	6,086,276	6,256,525	4,480,902
바레인	498,119	282,630	274,146	230,584	328,693	233,977
아랍 에미리트	5,748,540	4,977,751	5,487,047	7,267,754	6,861,716	5,737,664
예멘	182,963	125,416	205,195	83,955	139,648	178,572
리비아	821,073	1,234,982	1,410,549	180,912	1,076,690	1,064,313
이집트	1,548,324	1,528,199	2,240,439	1,726,874	1,806,970	1,534,529
요르단	734,087	1,018,639	1,266,220	1,224,002	1,395,546	1,316,643
터키	3,772,570	2,660,688	3,752,906	5,070,997	4,551,618	5,657,826
모로코	390,761	302,203	322,780	362,317	508,492	292,557
오만	888,590	530,595	664,097	906,983	923,590	1,007,008
이라크	368,310	784,507	1,200,771	1,535,321	1,866,357	1,973,470
시리아	787,121	960,167	1,256,003	841,930	433,374	445,464
카타르	1,901,540	1,309,887	472,666	469,004	729,926	852,068
이스라엘	1,010,539	725,818	1,059,432	1,817,867	1,532,297	1,464,116
튀니지	136,954	126,825	344,789	185,610	423,351	167,114
알제리	863,063	1,094,919	1,495,609	1,122,237	1,130,709	1,023,883
팔레 스타인	-	-	-	-	-	-
레바논	227,701	191,474	285,266	271,775	353,584	378,330
합계	30,220,481	26,447,287	31,939,796	37,762,667	41,015,561	37,769,053

자료 : KOTIS

주석

튀니지 '아랍의 봄'의 진원지

1 카르타고는 포에니아어로 '신도시(new city)'라는 의미임.

2 3차에 걸친 포에니 전쟁 중 제2차 포에니전쟁에서 로마의 장군 스키피오 아프리카누스(Scipio Africanus)와 카르타고의 장군 한니발(Hannibal) 간의 전쟁 결과 패권이 로마로 넘어감

3 909년에 베르베르인들이 일시적으로 아랍인들로부터 튀니지 지역을 빼앗기도 했으나 아랍이슬람의 영향에서 벗어나지 못함.

4 바버리(Barbary)는 (이집트 이외의) 북아프리카 이슬람 지역.

5 15년은 대통령직을 2회 더 할 수 있는 기간임.

6 에셉시는 1981년부터 1986년까지 외무장관, 2011년에 총리를 역임함. 에셉시는 대통령 당선 후 워싱턴 포스트와의 인터뷰에서 유럽에서 만들어낸 용어라는 이유로 '아랍의 봄(Arab Spring)'이란 용어 사용을 거부하고 튀니지에서 시작되었기 때문에 '튀니지의 봄(Tunisian Spring)'이란 용어를 사용함(https://www.washingtonpost.com/news/worldviews/wp/2016/03/19/tunisias-president-the-arab-spring-is-a-european-creation/ 2016.3.16).

7 아틀라스 산맥은 길이 약 2,500Km, 최고 높이 4,167m(모로코 남서쪽에 있는 투브칼 산 Jebel Toubkal)의 산맥으로 사하라와 지중해-대서양을 분리시키고 있음. 아틀라스 산맥에는 주로 베르베르인이 살고 있음.

8 튀니지인들은 '아랍의 봄' 대신에 '튀니지의 봄'이란 말을 선호하고 있음.

9 2014년 튀니지 인구조사 자료

참고문헌

주 튀니지 한국대사관 홈페이지
http://tun.mofa.go.kr/korean/af/tun/main/index.jsp. 검색: 2016.04.01.

최영철. 2006. "튀니지의 정치발전과 이슬람," 『중동정치의 이해3: 북아프리카와 터키지역의 정치발전과 이슬람』. 서울: 도서출판 한울.

CIA. "Tunisia" The World Factbook.
https://www.cia.gov/library/publications/the-world-factbook/geos/ts.html. 검색: 2016.4.1.

Arieff, Alexis & Humud, Carla E. "Political Transition in Tunisia," CRS(Congressional Research Service) Report(2015. 2).
https://www.fas.org/sgp/crs/row/RS21666.pdf. 검색: 2016.05.01.

Borovsky, Gabriella and Yahia, Asma Ben. "Women's Political Participation in Tunisia after the Revolution: Findings from Focus Groups in Tunisia Conducted February 17-28, 2012," NDI(National Democratic Institute) (2012.5).
https://www.ndi.org/files/womens-political-participation-Tunisia-FG-2012-ENG.pdf. 검색: 2016.05.01.

Boubekeur, Amel. "The Politics of Protest in Tunisia: Instrument in Parties' Competition vs. Tool for Participation," SWP(Stiftung Wissenschaft und Politik) Comments 13(2015.3).
https://www.swp-berlin.org/fileadmin/contents/products/comments/2015C13_boubekeur.pdf. 검색: 2016.05.01.

Cherif, Nedra. "Tunisian women in politics: From Constitution Makers to Electoral Contenders," Policy Brief(November 2014).

http://fride.org/download/PB_189_Tunisian_women_in_politics.pdf. 검색: 2016.05.01.

Halliday, Fred. Arabia without Sultans. London: Saqi Books, 2002.

Mekhennet, Souad. "Tunisia's first freely elected president: The 'Arab Spring' is a European creation," The Washington Post. 19 March 2016. https://www.washingtonpost.com/news/worldviews/wp/2016/03/19/tunisias-president-the-arab-spring-is-a-european-creation. 검색: 2016.04.01.

Ottaway, Marina. "Learning Politics in Tunisia," Viewpoints No. 26(2013.4). https://www.wilsoncenter.org/sites/default/files/learning_politics_in_tunisia.pdf. 검색: 2016.05.01.

Silveira, Carolina. "Youth as Political Actors after the "Arab Spring": The Case of Tunisia ," Schäfer, Isabel(ed). Youth, Revolt, Recognition: The Young Generation during and after the "Arab Spring," MIB(Mediterranean Institute Berlin, 2015). http://edoc.hu-berlin.de/miscellanies/arabspring-41600/17/PDF/17.pdf. 검색: 2016.05.01.

찾아보기

[ㅁ]

[ㅂ]

[ㅅ]

[ㅇ]

[ㅈ]

[ㅊ]

[ㅌ]

[ㅍ]

[ㅎ]

명지대학교 중동문제연구소 중동국가헌법번역HK총서07

튀니지 헌법

등록 1994.7.1 제1-1071
발행 2016년 5월 31일

기 획 명지대학교 중동문제연구소(www.imea.or.kr)
옮긴이 김종도 정상률 임병필 박현도
감 수 김주영
펴낸이 박길수
편집인 소경희
편 집 조영준
관 리 위현정
디자인 이주향
펴낸곳 도서출판 모시는사람들
03147 서울시 종로구 삼일대로 457(경운동 수운회관) 1207호
전 화 02-735-7173, 02-737-7173 / 팩스 02-730-7173

인쇄 상지사P&B(031-955-3636)
배본 문화유통북스(031-937-6100)
홈페이지 http://www.mosinsaram.com/

값은 뒤표지에 있습니다.
ISBN 979-11-86502-53-2 94360
SET 978-89-97472-43-7 94360

이 도서의 국립중앙도서관 출판예정도서목록(CIP)은 서지정보유통지원시스템 홈페이지(http://seoji.nl.go.kr)와 국가자료공동목록시스템(http://www.nl.go.kr/kolisnet)에서 이용하실 수 있습니다. (CIP제어번호 : 2016012720)